ପ୍ରିୟ ସଖା

ପ୍ରିୟ ସଖା

ସ୍ନିଗ୍ଧା ପଣ୍ଡା

BLACK EAGLE BOOKS
2021

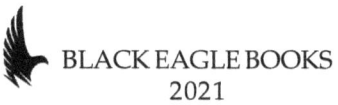

BLACK EAGLE BOOKS

USA address:
7464 Wisdom Lane
Dublin, OH 43016

India address:
E/312, Trident Galaxy, Kalinga Nagar,
Bhubaneswar-751003, Odisha, India

E-mail: info@blackeaglebooks.org
Website: www.blackeaglebooks.org

First International Edition Published by
BLACK EAGLE BOOKS, 2021

PRIYA SAKHA
by **Dr. Snigdha Panda**

Copyright © **Dr. Snigdha Panda**

All rights reserved. No part of this publication may be reproduced, stored in a retrieval system, or transmitted, in any form or by any means, electronic, mechanical, photocopying, recording or otherwise without the prior permission of the publisher.

Cover & Interior Design: Ezy's Publication

ISBN- 978-1-64560-229-3 (Paperback)

Printed in the United States of America

ସମର୍ପଣ

ପ୍ରିୟ ସଖା,
ମାଗିଲିନି ବୋଲି ମନା ଥିଲା କ'ଣ
କିଛି ହେଲେ ମତେ ଦେବାକୁ ?
ପୂରିଛି କହୁଛି ହେଲେ କଣ ଅଛି
ଆନକୁ ଦେଖେଇ ହେବାକୁ ? ?
ତୁ ଯଦି ବୁଝୁଛୁ କାହିଁକି ତେବେ ମୁଁ
ନିଜେ ହିଁ ଅବୁଝା ହେଉଛି ?
ଅଭାବ ମୋର ସରୁ କି ନ ସରୁ
ତତେ ସବୁ ଟେକି ଦେଉଛି ॥

— ସଖୀ

ସୂଚିପତ୍ର

କେବେ ତୁ ଆସିବୁ ଜାଣେନା	୯
ମୁଁ ତତେ ଦେଖନ୍ତି	୧୧
ତୁ ମୋ ଭିତରେ ଅଛୁ	୧୩
କେମିତି କହିବି ଆଶା ମୋର ପୂରିନାହିଁ	୧୪
ଚିତ୍ର ହୋଇଯିବି	୧୫
ତୋ ପାଖକୁ ଫେରୁଥିବି	୧୭
ଯେବେ ତୁ ଡାକିବୁ ତେବେ ଯାଇ ଯିବି	୧୯
ଆର ଜନ୍ମ	୨୧
ମୁଁ ଯେବେ ଖୋଜେ ତତେ	୨୩
ଆର ଜନ୍ମ ଯାଏଁ	୨୫
ତୁ ଆସିଥିଲୁ ଅଙ୍ଗନେ ମୋର	୨୭
ଲୁଚେଇ ରଖିବି ହୃଦୟରେ ଶେଷ ଯାଏଁ	୨୯
ସତରେ କ'ଣ ଜାଣିଛୁ ମନ୍ତ ?	୩୦
ଏମିତି ସେ ବଂଶୀଧ୍ୱନି ତୋର	୩୧
ତୁ ଆସି ଛୁଇଁ ଦେଲାଯାଏଁ	୩୩
ତୋ ସହ ଦେଖା ହୋଇନାହିଁ	୩୫
ଆଉ କି ଫେରିବି ଏଇଠିକି	୩୭
ଯିବାର ମୋର ନାହିଁ	୩୯
ପାରୁନି ସଂସାର ଛାଡ଼ି	୪୧
ମନେ ପଡେ ଜମା ଯାଇନି ବୋଲି	୪୩

କେହି ଜଣେ ଆସି କହନ୍ତା	୪୫
ଆସିବୁ ତୁ ସଖା ସେତେବେଳେ	୪୭
ମୁଁ ଆଉ ଯିବି ନାହିଁ	୪୯
ମାୟାରେ ତୋର ଛନ୍ଦି ହେଉଛି ନିତି	୫୧
ଗଡ଼ିଯାଉଛି ଶୁଭ ମୁହୂର୍ତ୍ତ	୫୩
ମନର ଅଭାବ ଥାଉ ମୋ ମନରେ	୫୫
ସତରେ ଯଦି ମୁଁ ଖୋଜୁଛି ତତେ	୫୭
କେବେ ତୋର ମନ ଆଏ	୫୮
ଆରମ୍ଭରୁ ହାତ ଟେକି ଦେଇଛି	୬୦
ଆହୁରି ଅଧିକ ପାଇବା ପାଇଁ	୬୨
ତୁ ନାହିଁ କି ମୁଁ ବି ନାହିଁ	୬୪
ଅଛି ଖାଲି ଚମକି ଯିବାର	୬୬
ଗୋଟିଏ ଜନ୍ମ ମୋ ଗୋଟିଏ ରାତି	୬୮
ତୁ ଆସିଛୁ ନା ମୁଁ ଯାଇ ପାରିଛି	୭୦
ସବୁ ମୋ ମନରେ ଥାଉ	୭୨
ଅପଲକ ମୁଁ ତତେ ଦେଖୁଛି	୭୪
ନିଶ୍ଚୟ ଦିନେ ତୋ ପାଖକୁ ଯିବି	୭୬
ତୋ ଭିତରେ ବିଳୀନ	୭୮
ମନ ମୋର ବୁଝେନାହିଁ	୮୦
ତୁ ମୋ ମନରେ ଥା	୮୨
ନେବି ନାହିଁ ଜନ୍ମ ଆଉ	୮୪
ସବୁ କିଛି ପୂର୍ଣ୍ଣ କରିଛୁ	୮୬

କେବେ ତୁ ଆସିବୁ ଜାଣେନା

ପ୍ରିୟ ସଖା ମୋର
ଏବେ କେତେ ଦୂର ?
କେତେ ମୁଁ ଖୋଜିଲେ ମିଳିବୁ ମତେ ?
ଆଖି ପାଏ ନାହିଁ
ଆଶା ପାଏ ନାହିଁ
କେମିତି କହିବି ଅଛୁ ମୋ ସାଥେ ॥

ପାଖରେ ଥା,
ମନରେ ଥା,
ସବୁ ମୋହ ଭୁଲି ଭିତରେ ଥା,
ନିଜକୁ କହିଛି ଥରକୁ ଥର
ନ ଜାଣେ କାହିଁକି ଲାଗୁଛି ଏମିତି
ଯେମିତି ମନରେ ନାହିଁ ମୁଁ ତୋର ॥

ମୁଁ ନ ଥିଲେ ନାହିଁ
ଦୁଃଖ ମୋର ନାହିଁ
ଥିବ ମୋର ସେଇ ପୁରୁଣା ଗୋଲାପି ଛାଇ
ଝାପ୍‌ସା ଲାଗୁଥିବ ଯେତେବେଳେ
ରଙ୍ଗ ମାଖୁଥିବୁ ସେତେବେଳେ
ହଜିଗଲା ବୋଲି ଭାବିଲା ବେଳକୁ
ଗୋପନରେ ଆସି ଦେବୁ ତୁ ଛୁଇଁ ॥

ତୁ ଏକା ଜାଣିଛୁ ମନ ତଳେ ମୋର
ତତେ ଦେଖିବାର, ତତେ ପାଇବାର
କୋମଳ କାମନା ଯେତେକ ଅଛି
ସାତ ଗଣ୍ଠି କରି ତୋ ନାଁ ଧରି
ସୂତାଖିଅକରେ
କଳ୍ପବଟରେ ମୁଁ ବାନ୍ଧି ଦେଇଛି ॥

ଆଜି କାଲି ହେଇ ଦିନ ମୋ ସରୁଛି
କେବେ ତୁ ଆସିବୁ ଜାଣେନା
ଏତେ ଦୂରେ କିଏ ରହେ କହ ସଖା ?
ଖୋଜିବାର ବି ତ ଅଛି ସୀମାରେଖା
ଭିତରେ ଯେତେ ତୁ ଭରି ଥା- ମୋର
ଦେଖିବାର ମୋହ କେବେ ଏ ଆଖିର ସରେନା ॥

ମୁଁ ତତେ ଦେଖନ୍ତି

ଏମିତି ଜାଗା ଅଛି କେଉଁଠି
ମତେ କେହି
ଦେଖନ୍ତେ ନାହିଁ, ଜାଣନ୍ତେ ନାହିଁ,
ସେଇଠି ଆସି ଠିଆ ହୁଅନ୍ତି,
ଯେତେ ଥର
ଦୁଆର ଫିଟନ୍ତା
ତୁ ମତେ ଦେଖନ୍ତୁ,
ମୁଁ ତତେ ଦେଖନ୍ତି ॥

ସେଇଠି ଥାଇ ତତେ ଆହୁରି
ବିଭୋର ହୋଇ ଖୋଜି ବସନ୍ତି,
ମତେ କେହି ଖୋଜନ୍ତା ନାହିଁ,
ଚିହ୍ନ ମୋର ରହନ୍ତା ନାହିଁ,
ଆଖିକୁ ତୋର ଦେଖିଲେ କେହି
ଠିକଣା ମୋର ଯାଆନ୍ତା ପାଇ,
ଦୁନିଆଁ ଯାକ ଲୋକଙ୍କୁ ଡାକି
ଏଇଠି ଅଛି କହିଲାବେଳେ
ଶୂନ୍ୟ ହୋଇଯାଆନ୍ତି ॥

ଶୂନ୍ୟରୁ ପୁଣି ଖସି ଆସନ୍ତି
ବର୍ଷା ବିନ୍ଦୁ ପରି
ପୂର୍ଣ୍ଣତାର ଖୋଜନ୍ତି ସୀମା ସୁଦୂର ସିନ୍ଧୁ ପାରି

ଏଇଠି ଅଛି,
ଏଇଠିନାହିଁ
ମାୟାରେ ତୋର ଥକି ଯାଆନ୍ତି,
କଳାରେ ତୋର କାଳିମା ହୋଇ
ଯୁଗ ଯୁଗକୁ ମିଶି ଯାଆନ୍ତି,
ତା'ପରେ କେହି
ଦେଖନ୍ତେ ନାହିଁ,
ଜାଣନ୍ତେ ନାହିଁ
ଅଥଚ
ତୁ ମତେ ଦେଖନ୍ତୁ,
ମୁଁ ତତେ ଦେଖନ୍ତି ॥

ତୁ ମୋ ଭିତରେ ଅଛୁ

ତୁ ମୋ ଭିତରେ ଅଛୁ,
ଏ କଥା ମୁଁ ଜାଣିଛି,
ମୃଗନାଭି କସ୍ତୁରୀ ପରି,
ତଥାପି ମୁଁ ତତେ
ବାହାରେ ଖୋଜୁଛି,
ଝୁରୁଛି ମୋ ଆୟୁଷକୁ ସାରି ॥
ତୁ ମୋ ଭିତରେ ଅଛୁ,
ଏ କଥା ମୁଁ ଜାଣିଛି,
ଶରୀରର ବେହରଣ ପିନ୍ଧି
ଆତ୍ମା ଥାଏ ଯେମିତି
ତଥାପି ମୁଁ ତତେ
ପାଉ ନାହିଁ ବୋଲି
ନିଜକୁ ବି କହୁଛି କେମିତି ॥
ତୁ ମୋ ଭିତରେ ଅଛୁ,
ଏ କଥା ମୁଁ ଜାଣିଛି,
ଅନ୍ତରରୁ ଅନ୍ତରୀକ୍ଷ
ତୁ ଚିର ପରିବ୍ୟାପ୍ତ,
ତଥାପି ମୁଁ ତତେ
ଖୋଜିବାର, ପାଇବାର
ବ୍ୟୁହ ଭିତରେ ଚିରକାଳ
ହେଉଛି ସଂତ୍ରସ୍ତ ॥

କେମିତି କହିବି ଆଶା ମୋର ପୂରିନାହିଁ

ମନେ ଅଛି କି ନା ସେ ଦିନର ମିଠା
ଫଗୁଣର ସଞ୍ଜବେଳେ,
ତୋ ସାମ୍ନାରେ ଯେତେ ଲୋକଥିଲେ ତୋତେ
ଦେଖିବାକୁ ଆସିଥିଲେ ॥
କେହି ଜାଣେ ନାହିଁ, କେଉଁ ଇସାରାରେ
କାହାକୁ ତୁ ଚାହୁଁଥିଲୁ
ମୁଁ ଏକା ଜାଣିଛି, ମତେ ଦେଖିବାକୁ
ବାହାନା ତୁ ଖୋଜୁଥିଲୁ ॥
କାହାକୁ ଏମିତି ଖୋଜିବାର କଷ୍ଟ
ଜାଣେ ଯେ ଖୋଜିଚି ଯାଇ
ବାଟ ତ ନ ଥିଲା, ତଥାପି କେମିତି
ସେଠାରୁ ଆସିଲୁ ଧାଇଁ ॥
ମୁଁ ତ ଆଖିବୁଜି ଯାଇଥିଲି ହଜି
ପୃଥିବୀର କେଉଁ କୋଣେ
"ସଖୀ" ବୋଲି କାହା ଡାକ ଶୁଣି
ଦେଖେଁ, ଚାହିଁଚୁ ତୁ ମୁଗ୍ଧ ପଣେ ?
ସେ ଆଖିର ନୀଳ, ଗଭୀର ମାୟାରେ
ନିଜକୁ ମୁଁ ଫିଙ୍ଗିଦେଇ
କହ, ମୁଁ କାହାକୁ କେମିତି କହିବି
ଆଶା ମୋର ପୂରିନାହିଁ ॥

■

ଚିତ୍ର ହୋଇଯିବି

ଥରେ ବି କେବେ ଆ କି ନ ଆ,
ଯୁଆଡେ ଯେମିତି ଲୁଚି କି ଥା,
ଖୋଜିବି ତତେ,
ପାଇବି ତତେ,
ପାଖକୁ ଯାଇ ଛୁଇଁବି ତତେ,
ଏତିକି ଛଡା ଅଧିକ ଆଉ
ଚାହୁଁ ନାହିଁ ମୁଁ ସଖା
ତଥାପି ଏଡେ କପଟ ତୋର
ଦେଉ ନାହୁଁ ତୁ ଦେଖା ॥

ଏହା ବି ଜାଣେ ଯଦି ମୁଁ କେବେ
ତୋ ପାଖରେ ପହଞ୍ଚିଯିବି
ସଂସାର ମାୟା ତୁଟିନି ମୋର
ହୋଇନି ଏବେ ଆସିବା ବେଳ
ଫେରେଇ ଦେବୁ,
କହିବୁ 'ଯାହା କରୁଚି ସବୁ ଆଗ ପଛକୁ ଭାବି,
ସେଇଠି ଥା-,
ସାଙ୍ଗରେ ତତେ ଆଣିବାପାଇଁ ନିଶ୍ଚୟ ଦିନେ ଯିବି" ॥

ଜାଣିଛି ତତେ ପାଇବା ପାଇଁ
ବନ୍ଧନ ଯେତେ ଥିବ,
ଗୋଟେ କ୍ଷଣରେ, ଗୋଟେ ଶ୍ୱାସରେ

ତୁଟେଇବାକୁ ହେବ
ତା'ପରେ ହିଁ
ପାଖରେ ତୋର
ପହଞ୍ଚି ଥରେ
ଚିତ୍ର ହୋଇଯିବି,
କେମିତି ମତେ ଫେରେଇ ଦେବୁ
ମୁଁ ତ ନିର୍ବାଣ ପାଇ ସାରିଥିବି ॥

ତୋ ପାଖକୁ ଫେରୁଥିବି

ଯେତେ ଦୂରକୁ ଯାଇପାରେ, ଯିବି
ଥରକୁ ଥର,
ଜନ୍ମରୁ ଜନ୍ମ ଛିଟିକି ପଡ଼ିବି,
ଅମୋକ୍ଷ ମୁଁ ଚିରକାଳ
ତୋ ପାଖକୁ ଫେରୁଥିବି ॥

ମଣିଷ ମୁଁ
କେମିତି ତୁଟେଇବି ମାଟିର ମାୟା ?
ତୋର ଅନ୍ତରଙ୍ଗ ପଣ
ଧରି ରଖିବାକୁ
ଆତ୍ମା ମୋର ବଦଳେଇ ଦେଉଥିବ କାୟା
ସେତେବେଳେ
ଜୀବନକୁ ଭାଙ୍ଗିଦେଇ
ଛୋଟ ଛୋଟ ମୁହୂର୍ତ୍ତ କରିବି,
ଆଲୁଅ ଓ ଅନ୍ଧାରର ସନ୍ଧି ଦେଇ
ତୋ ପାଖକୁ ଫେରୁଥିବି ॥

ସାଧନାରେ ଊଣା ଅଛି କହି କେବେ
ତୁ ଯଦି ରୋକିଦେବୁ ବାଟ
ତତେ ଖୋଜି ପାଇବାକୁ,
ପୁଣି ସେଇ ବ୍ୟାକୁଳତା ମନେ ଆଣିବାକୁ,
ଯେତେଥର ଲୋଡ଼ା ହେବ ଜନ୍ମନେବି

ଯିଏ ଯାହା କହୁଥିବ କହୁଥାଉ
ବୁଜିଥିବି ଆଖି
ସବୁ କାମ ପଡିଥିବ ବାକି
ସଜବାଜ ହୋଇ ମୁଁ କିନ୍ତୁ
ତୋ ପାଖକୁ ଫେରୁଥିବି ॥

ଯାହାକୁ ମହାର୍ଘ ମଣି
ପଣତରେ ଗଣ୍ଠି ପକେଇଛି
ସେ ତ କିଛି ନୀଳ ଜ୍ୟୋସ୍ନା ବିଶ୍ୱାସର,
ଆଉ କିଛି ନିଃଶବ୍ଦ ଅହଂକାର
ତତେ ଯେବେ ଭାବିଥାଏ ମୋର,
ଏବେ କହ
ମୁଁ କାହିଁକି ଆଉ କେଉଁ
ଅଳକାର ମୋହରେ ଧାଇଁବି ?
ଏଇଥର ଶେଷଥର ବାହାନାରେ
ତୋ ପାଖକୁ ଫେରୁଥିବି ॥

ଯେବେ ତୁ ଡାକିବୁ ତେବେ ଯାଇ ଯିବି

ଶବ୍ଦ ନିଃଶବ୍ଦରେ ଭାଷା ସଙ୍କେତରେ
ଯିବି, ଯିବି ବୋଲି ଘୋଷୁଛି ଜୀବନଯାକ
ଏମିତି କି ମାୟା ଲଗେଇ ରଖିଛୁ
ଦିଶୁନାହିଁ ମତେ ଦୂର-ନିକଟ
ସତରେ ଯଦି ମୁଁ ଅଛି ତୋ ଭିତରେ
ଆ- ବୋଲି ଥରେ
ଡାକିଦେଲେ କଣ
ତୁଟିଯିବ ତୋର ବଡପଣ ଯେତେକ ? ॥

ରଙ୍ଗ ରସ ଯେତେ ଅଛି ମୋ ପାଖରେ
ଆତ୍ମାରେ ମାଖୁଛି ବଡ ସଉକରେ
ଅନାଦି କାଳରୁ ଯେମିତି ମୁଁ ଏଇ
ଗୋଟିଏ କାମକୁ କରି ଆସୁଚି,
ବେଳ ଅବେଳରେ
ଅଗଣାରୁ ଘର
ଭିତର ବାହାର
ନିଜକୁ ସଜେଇ ବସୁଚି,
ତତେ ଦେଖିବାର
ଆଖିର ଆଶା ତ ଏ ଯାଏଁ ପୂରିନି,
ମନ କି ପୂରିବ ?
ଭାବି ଭାବି ପୁଣି ସବୁକୁ ଉତାରି ଦେଉଚି ॥

କେବେ କେବେ ପୁଣି ମୁଁ ଅତି ବିଭୋର
ପଣରେ ନିଜକୁ ଭୁଲିଚି,
ଭୁଲିଚି ପୁଣି ବି ଏଇଥର ମତେ
ଯେମିତି ହେଉ ବି
ପାଖକୁ ତୋର ଯିବାର ଅଛି,
ଏରୁଣ୍ଡି ବନ୍ଧକୁ ଡେଇଁଲା ବେଳକୁ
ଡାକି ନାହୁଁ ବୋଲି ଆସୁଚି ମନକୁ
ଅଲୋଡା କୁଣିଆଁ କାହିଁକି ମୁଁ ହେବି ?
ଯେବେ ତୁ ଡାକିବୁ ତେବେ ଯାଇ ଯିବି
ତୋର ବଡପଣ ତୋ ଠାରେ ଥାଉ ମୋ
ଛୋଟପଣ ମୋ ଠି ଥାଉ
ଯିବି, ଯିବି ବୋଲି ଭାବିବି ନାହିଁ କି
କହିବିନି କେବେ ଆଉ ॥

ଆର ଜନ୍ମ

ମୋର କଣ
ଆଉ ଗୋଟେ ଜନ୍ମ ଅଛି ଯେ ଆସିବ ?
ଯଦି ଥିବ,
କେବେ, କେତେଦିନ, ବର୍ଷ,
ଯୁଗ ପରେ ଆସିବ ? ॥

ସେତେବେଳେ
ତୁ କ'ଣ ଚିହ୍ନି ପାରିବୁ ମତେ ?
ନା ମୁଁ ଚିହ୍ନି ପାରିବି ତତେ ?
ବଦଳି ଯାଇଥିବା ସଂସାରରେ
ଆଉ କ'ଣ ମନେ ଥିବ ତୋର
କେମିତି ରଙ୍ଗ ଥିଲା କଦମ୍ବ ଫୁଲର ?
ତୋ ପାଖରେ ଛାଡି ଆସିଚି ମୁଁ
ଯେତେକ ଇଚ୍ଛା ଆଉ ପ୍ରାପ୍ତି
ସେତେବେଳେ ପୁଣି
ଯେତେଥର ଝୁଣ୍ଟିପଡୁଥିବି
ହାତ ଧରି ରୋକି ଦେବୁ,
ପାପରୁ, କଳଙ୍କରୁ ଉଠେଇ ଆଣିବୁ,
ରଖିଥିବୁ ଆଜି ଭଳି
ନିର୍ମାଲ୍ୟର ମହକ ସାଇତି ॥

ଏ ଜନ୍ମର
ମୋର ଯେତେ ଦୁଃଖ ଓ ଶୋଚନା
ଯେତେ ଯେତେ ଲୋଭ ଆଉ ଅହଂକାର
ସବୁ କ'ଣ ଫିଙ୍ଗି ପାରିଥିବି ?
ତୋ ପାଖରେ ପହଞ୍ଚିବା ପାଇଁ
ମୁଁ କ'ଣ
ସବୁ ରାସ୍ତା ପାର କରିଥିବି ?
ତୁ ତ ଏବେ ବି ମୋର ଏତେ ଦୂର
ଆର ଜନ୍ମ ଉପରେ
କି ଭରସା ଅଛି ଯେ
ସେ ତ ସବୁବେଳେ ଆର ଜନ୍ମ
ଆହୁରି ଦୂର ॥

ମୁଁ ଯେବେ ଖୋଜେ ତତେ

ମୁଁ ଯେବେ ଖୋଜେ ତତେ
ତୁ ଏମିତି
ଶୂନ୍ୟ ହୋଇ ଯାଉ କାହିଁକି ?
ତୋ ମୋହନ ମୂରଲୀ ମୂର୍ଚ୍ଛନା
ବାଜେ ତେବେ କହ କାହା ପାଇଁ କି ?
ମୂର୍ଚ୍ଛନା ଯେ ନୁହେଁ, ସେ ତ
ସଂଜୀବନୀ ଧାରେ ମୋ ପ୍ରାଣର,
ତତେ - ମତେ
ଛନ୍ଦିଛି ବି, ବାନ୍ଧିଛି ବି,
ଯେତେ ଥର ଘଟିଛି ମୋ ରୂପାନ୍ତର ॥

ରୂପ ନୂଆ ପାଇବାର ମାନେ
ମୁଁ ବୁଝେ,
ତତେ ଖୋଜି ପାଇବା
ସେଇ ମୋର ପାଇବାକୁ
ଅମୂଲ୍ୟ ସମ୍ପତ୍ତି ମଣେ
ଭାବୁଥାଏ ଏମିତି ତ
ପାଇନାହିଁ କେହି ଜଣେ,
ଭୁଲିଯାଏ ଯେତେ ମୋର ଚାହିଁବା
ଆସେ ଯେବେ ଅନ୍ତର୍ଦ୍ୱନ୍ଦ,
ହଜିଯାଏ ଲୟ, ଛନ୍ଦ,

ଶିଖୁଥାଏ ସେତେବେଳେ
ନୂଆ କଳା କଉଶଳ
ଯେତେବେଳେ ଲୋଡ଼ା ହୁଏ
ତୋ ଠାରୁ ଦୂରରେ ରହିବା ।।

ଖୋଜିବା, ପାଇବା
ପୁଣି ହଜେଇ ଖୋଜିବା
କ୍ରମରେ ମୁଁ ଅନନ୍ତ କାଳରୁ
ଫେରୁଛି ବି, ଫେରୁଥିବି
ଯେମିତି
ନୂଆ ନୂଆ ସୂର୍ଯ୍ୟୋଦୟ
ହେଉଥାଏ ପ୍ରାଚୀ ଗଗନରୁ ।।

ଆର ଜନ୍ମ ଯାଏଁ

ମୋର ସବୁବେଳେ ଭୟ
ହଜିଯିବି,
ନ ହେଲେ ହଜେଇ ଦେବି
ତୁ ଯେମିତି ଧୀରେ ଧୀରେ ଆସି
ଅଧୀର କରୁଚୁ ସାରା ଭୂମି ଓ ଭୂମାକୁ
ଭୟ ମୋର ଆହୁରି ବଢୁଚି
ଟାଣି ହୋଇ ଯାଉଚି ମୁଁ ଅତଳ ତଳକୁ ॥

ମୁଁ ଯେତେ ରାସ୍ତା ଖୋଜୁଚି
ବିହ୍ୱଳିତ ପ୍ରାଣକୁ ମୁକୁଳେଇ ନେବାକୁ
ତୋ ସାମ୍ନାରେ ହାତ ଯୋଡି,
ତୁ ସେତେ ଅନ୍ତର୍ଭେଦୀ ହସ ଫିଙ୍ଗି
ପଚାରୁଚୁ ଯିବୁ କୁଆଡକୁ ?
ଆରମ୍ଭ ଓ ଶେଷର ସବୁ ରାସ୍ତା
ମୋଠାରୁ, ପୁଣି ମୋ ଆଡକୁ ॥

ସବୁ ବେଳେ ଓ ସବୁ ଜନ୍ମରେ
ଏମିତି ହିଁ ଘଟୁଥାଏ,
ତୋ ସାମ୍ନାକୁ ଆସିଗଲେ
ମୋର ବୋଲି ଯାହା କିଛି
ଲୋଭ କରି ସାଇତି ଥାଏ
ସବୁଯାକ ହଜିଯାଏ

ପାଇବାର ମୋହ କିନ୍ତୁ ସରେନାହିଁ
ଏଇ କାଳେ ଆସିଯିବୁ ବୋଲି
ମତେ ପୁଣି ଜଗି ବସିବାକୁ ହୁଏ
କାନ ଡେରିବାକୁ ହୁଏ,
ଆଖି ପାରିବାକୁ ହୁଏ,
ସେଇପରି ଭୟରେ ଜଡସଡ ହୋଇ
ଆର ଜନ୍ମ ଯାଏଁ ॥

ତୁ ଆସିଥିଲୁ ଅଙ୍ଗନେ ମୋର

ତୁ ଆସିଥିଲୁ ଅଙ୍ଗନେ ମୋର
ଅମୃତ କଳସ ନେଇ,
ହେଲେ ମୁଁ ଏମିତି
କାଙ୍ଗାଳୁଣୀ ହାୟ !
ନିଦରେ ପଡିଲି ଶୋଇ ॥

ଏତେ ଜନ୍ମ ଜଗି ଜାଗି ରହିଥିଲି
ତୁ ଦିନେ ଆସିବୁ ବୋଲି,
ଦାଣ୍ଡଧୂଳିଯାକ ରଙ୍ଗ ପାଲଟିବ
ମନେ ମନେ କହୁଥିଲି ॥

ତୋ ଆସିବା ଛନ୍ଦ ସୁଗନ୍ଧରେ ଭରି
ବାକିଥିବ ଯେତେ ବେଳ,
ସବୁ ପାଲଟିବ
ରୂପା ଆଲୋକର
ମଧୁର ବସନ୍ତ କାଳ ॥

ଆସିବା ଆଗରୁ ଜାଣିପାରିଥା'ନ୍ତି
ଏମିତି ତ ହେଲାନାହିଁ,
ଚାଲିଗଲା ପରେ
ସେତକ ଝୁରିଲେ
ଆଉ କି ଆସିବୁ ଧାଇଁ ॥

କେବେ ନିୟତିର ନିୟମ ତୁଟିବ
ଫିଟିବ କପାଳ ମୋର,
ଆଖି ଜଗିଥିବ
ତୁ ଆସୁଥିବୁ
କାମନା, ବାସନା ତୁଟି ଯାଇଥିବ
ଫୁଲି ଉଠିଥିବ ଶୁଖିଲା ଫଲଗୁ ଧାର ॥

ଲୁଚେଇ ରଖିବି ହୃଦୟରେ ଶେଷ ଯାଏଁ

ଦେବା ପାଇଁ ଯଦି ଏତେ ମନ ତୋର
ପଚାରି ବୁଝୁଚୁ କିଆଁ ?
ଦେବାରେ ତୋ ଖୁସି ଏତେ ଯଦି ଅଛି
ଦେ' ତୋ ଅମୃତ ଛୁଆଁ ॥
ମୁଁ ତ ମାଗିନାହିଁ ସାରା ସମୟକୁ
ତୋ ଆଗରେ ଠିଆ ହୋଇ,
ଜାଣିପାରୁ ଯଦି କହିବି କାହିଁକି
ଲାଜ କି ଲାଗିବ ନାହିଁ ?
ଉଛୁଳା ଭଣ୍ଡାର ତୋର ସିନା ଅଛି
ମୋର ନାହିଁ କିଛି ହେଲେ,
ଥିଲେ କି ଲୁଚେଇ ରଖନ୍ତି ମୁଁ ସବୁ
ଦିଅନ୍ତିନି କେତେବେଳେ ?
ତୋର ଦେବାଯାକ କିଏ ସେ ବୁଝିବ
ମୋ ବିନା ଏଠାରେ କହ ?
ତଥାପି ମନରେ ଆସୁଛି କାହିଁକି
ହଜେଇ ଦେବାର ଭୟ ॥
ମୋର ମାଗିବାକୁ ତୋର ଦେବାଯାକ
କେହି ତ ଅଲଗା ନୁହେଁ,
ଯାହା ଦେଇଥିବୁ ଲୁଚେଇ ରଖିବି
ହୃଦୟରେ ଶେଷ ଯାଏଁ ॥

■

ସତରେ କ'ଣ ଜାଣିଛୁ ମନ୍ତ୍ର ?

ସତରେ କ'ଣ ଜାଣିଛୁ ମନ୍ତ୍ର ?
ମୁଗ୍ଧ କରୁ ସାରା ସମୟ,
ଚାହିଁଲେ ଥରେ ଅୟୁତ ଯୁଗ
କାମନା ମୋର ହୁଏ ବିଲୟ ॥
ଦୃଷ୍ଟି ତୋର ସୃଷ୍ଟି କରେ
ମୋହର ମୋକ୍ଷ ପ୍ରାପ୍ତି,
ହୋଇଛି ବୋଧେ ସେଥିପାଇଁ ମୁଁ
ତୋ ସହିତ ଗୁନ୍ଥି ॥
ଯେତେ ଥର ମୁଁ ପ୍ରତିଜ୍ଞା ବନ୍ଧ
ସନ୍ଧି କରି ବସେ,
ପ୍ରାରବ୍ଧ ମୋର ସେତିକି ଥର
ଆକର୍ଷେ ତୋର ପାଶେ ॥
ସର୍ତ୍ତହୀନ ଅନୁକମ୍ପା ତୁ
ଏକା ହିଁ କରି ଜାଣୁ,
ଦୁର୍ଲ୍ଲଭ ସେଇ ମୁହୂର୍ତ୍ତ ସବୁ
ସ୍ୱୀକାର କରି ନେଇଛି ତେଣୁ ॥
ଆଉ ମୁଁ ତତେ ଲୋଡ଼ିବି ନାହିଁ
ସିକ୍ତ ମର୍ମ ର କୋଣେ,
ମୁକ୍ତି ମୋର ପୂର୍ଣ୍ଣ ଯେଣୁ
ଅନୁରକ୍ତିର କ୍ଷଣେ ॥

■

ଏମିତି ସେ ବଂଶୀଧ୍ୱନି ତୋର

ଏମିତି ସେ ବଂଶୀଧ୍ୱନି ତୋର
ବାଜେ କେଉଁ ରାଗରେ
ମୁହୂର୍ତ୍ତେ ମୋ ପାଲଟେ ଆକାଶ,
ଆକାଶରେ ପୂର୍ବରାଗ,
ପ୍ରାଚୀରୁ ପ୍ରତୀଚୀ ପ୍ରସରିଯାଏ
ଅପୂର୍ବ ଲୋହିତ
ସାଉଁଟିପକାଏ ମୁଁ
ବିଚିତ୍ରବର୍ଣ୍ଣା ଅନୁଭୂତିମାନଙ୍କୁ
ଅତି ସରାଗରେ
ଏକାତ୍ମ ହେଉଥାଏ
ଧୂଳି ସହ, ପୃଥିବୀ ସହ,
ତୋର ବିଚ୍ୟୁତି ଓ ବ୍ୟାପ୍ତି ସହ
ଗୋପନରେ,
ନିତି ନୂଆ ଢଙ୍ଗରେ ॥

ଏମିତି ସେ ବଂଶୀଧ୍ୱନି ତୋର
ବାଜେ କେଉଁ ରାଗରେ
ସରିଯାଏ ଯନ୍ତ୍ରଣା ଯୁଗର
ଫିଟିଯାଏ ମୋକ୍ଷର ଦୁଆର
ହଜୁଥାଏ ମୋ ଚେତନା
ମୁଁ ଆଉ ମୋର କିଛି ରହେନା
ଅଥଚ ତତେ ଏକା ଜଣା

ଅଛି ମୋର
ଆଉ କେଉଁ ଅପୂର୍ଣ୍ଣ କାମନା
ଯାହା ପାଇଁ ମୁଁ ଖାଲି ଉଡ଼ୁଛି
ମାଟି ଉପରେ ବାରମ୍ବାର
ଆଉ ତୋ ପାଖକୁ ଯିବା ନାଁ ରେ
ଫେରୁଛି ମୋ ଜନ୍ମ-ଜନ୍ମାନ୍ତର ॥

ତୁ ଆସି ଛୁଇଁ ଦେଲାଯାଏଁ

ପଦ୍ମପତ୍ରରେ
ଢଳ ଢଳ ପାଣି ପରି
ଅସ୍ଥିର ମୁଁ ଚିରକାଳ
ନା ତଳକୁ ଖସିପାରେ
ନା ଉପରକୁ ଉଠିପାରେ
ଅଥଚ ହେଉଥାଏ ସ୍ୱପ୍ନ ଛଳଛଳ ॥

ମୁଁ ଜାଣିଛି,
ତତେ ଜମା ଜଣାନାହିଁ
ସେଇ ପାଣି ବୁନ୍ଦାକରେ
ଝଲସୁଛି ଛବି ମୋର ଗତ ଜନ୍ମମାନଙ୍କର
ଏଇ ଅଛି, ଏଇ ନାହିଁ
ଧରାଦିଏ, ଦିଏ ନାହିଁ
ଯେତେ ଯେତେ ଶୁଭୁ ଥାଉ
ମନ୍ତ୍ରର ଓଁକାର ॥

କେବେ ଯଦି
ଇଚ୍ଛା କରେ ଏଇଠାରୁ
ଉଠିବାକୁ ଅଛି ମତେ
ଅନନ୍ତ ଉପରକୁ,
ପୁଣି କେବେ,
ତୁ ମତେ ଉଠେଇ ଆଣିବୁ ଲୋଭରେ

ଇଚ୍ଛା ହୁଏ
ଛିଟିକି ମୁଁ ପଡନ୍ତି ତଳକୁ ॥

ତୁ କହ
ମୁଁ କାହିଁକି ଯିବି ଉପରକୁ ?
ଏମିତି ହିଁ ଢଳଢଳ ହେଉଥିବି
ତୁ ଆସି ଛୁଇଁ ଦେଲାଯାଏଁ
ମଧୁର ଛୁଆଁରେ,
କେଉଁ ଗୋଟେ ଅପୂର୍ବ ମୁହୂର୍ତ୍ତରେ ॥

■

ତୋ ସହ ଦେଖା ହୋଇନାହିଁ

ଅନେକ ଜନ୍ମ ସାରିଲା ପରେ ମୁଁ
ତଥାପି ଦେଖୁଛି
ତୋ ଦୁଆରେ ପହଞ୍ଚିବାକୁ
ଆହୁରି ଅନେକ
ଜନ୍ମ ବାକି ଅଛି ॥

ଯେତେଥର ଭାବିଛି
ଏଇଥର ଶେଷ ଜନ୍ମ ମୋର,
ଏଇ ଥର ସରିବ ମୋ ପ୍ରତୀକ୍ଷାର ପ୍ରହର,
ସେତେଥର ନିଜକୁ ମୁଁ
ସେଇଠି ପାଇଛି
ଯେଉଁଠୁ ତୁ ଅପହଞ୍ଚ ,
ଦୂରରୁ ଅନେକ ଦୂର ॥

ତତେ ଖୋଜି ପାଇବାକୁ
ଭାଙ୍ଗିଛି ମୋ ଅଭିମାନ,
ଫିଙ୍ଗିଛି ମୋ ଅହଂକାର,
ତତେ ଦେଖିବାର
ଆଖିର ଲୋଭକୁ ସାଇତି
ଉତାରି ଥୋଇ ଦେଇଛି
କାନ୍ଧରେ ବୋହୁଥିବା
ଆଉ ସବୁ କାମନାର ଭାର ॥

ଅବିଶ୍ରାନ୍ତ ଚାଲିଲା ପରେ ମୁଁ
ଏବେ ପୁଣି ଆବିଷ୍କାର କଲି
ରାସ୍ତା ଅଛି, ପାଦ ନାହିଁ
ତୁ ଅଛୁ, ମୁଁ ନାହିଁ
ଆସିଲା ବେଳକୁ ଥିଲା ଯେଉଁ ଆଡମ୍ବର
ତୋ ସହ ଦେଖା କରିବାର
କହ ଆଉ କାହାକୁ ମୁଁ କେମିତି କହିବି ?
ନିଜକୁ ତ କହି ହେଉନାହିଁ,
ଆଜିଯାଏଁ
ତୋ ସହ ଦେଖା ହୋଇ ନାହିଁ ॥

ଆଉ କି ଫେରିବି ଏଇଠିକି

ତୁ ସବୁଠାରେ ଭରିଗଲା ପରେ
ଖାଲି ଜାଗା ମୋର କାହିଁ ?
ତତେ ଲୁଚେଇବି
ନା ତୋର ଚାହିଁବା ?
ସକାଳରୁ ସଞ୍ଜ,
ସଞ୍ଜରୁ ସକାଳ
ସରୁନି ଖୋଜିବା, ପାଇବା,
ତଥାପି ଭାବୁଛି
କେତେ ବାକିଅଛି
ହେଲେ ଆଉ ତ ସମୟ ନାହିଁ
ଯିବାର ଅଛି ତ ଏଣିକି ଭାବୁଛି
ଯିବି ଦୁନିଆଁରୁ ଅଲଗା ହୋଇ ॥

ଘର, ଦ୍ୱାର, ବନ୍ଧୁ, ପରିଜନ ଭରା
ସଂସାର ବୋଇଲେ ତତେ ମୁଁ ବୁଝେ
ତୁ ଏକା ମୋର ପ୍ରାଣରେ, ଅତ୍ମାରେ,
ସବୁଠାରେ ଅଛୁ ଜାଣି ବି ଖୋଜେ
କହିବି କାହାକୁ ସତ ମଣିବାକୁ
ଜଣେ ବି ତ କେହି ନାହିଁ,
ଯେଉଁ ଦିନୁଁ କିଛି କରି ନାହିଁ ମନା
ସେ ଦିନରୁ ମୋର
କାମନାସବୁର ଅନ୍ତ ଯାଇଛି ହୋଇ ॥

ମୁଁ ଜାଣିଛି ଦିନେ ପ୍ରାଣ ପକ୍ଷୀ ମୋର ବାହୁଡି ଯିବ
ଯେଉଁଠୁ ଆସିଛି ସେଇଠିକି
ସେତେ ଦିନ ଯାଏଁ ବଂଶୀତାନ,
କରୁଥାଉ ମତେ ସଖା ଉଚ୍ଛନ୍ନ,
କେବେ ନାହିଁ, କେବେ ଅଛିର କୁହେଳି
ଭିତରେ ତତେ ମୁଁ ପାଉଥାଏ,
ଧୀରେ ଧୀରେ ପୁଣି ନିଜଠାରୁ ନିଜେ
ଦୂରକୁ ଦୂରକୁ ଯାଉଥାଏ,
ମୋର କି ଉପାୟ ଅଛି ଯେ ରହିବି
ଘାଟରେ, ବାଟରେ ଅଟକି,
ସତ, ମିଛ ସବୁ ଗଅଁଠେଇ ଦେଇ
ଫିଙ୍ଗିଲା ପରେ ମୁଁ
ଆଉ କି ଫେରିବି ଏଇଠିକି ? ॥

ଯିବାର ମୋର ନାହିଁ

ଡାକୁଛି ଯିଏ ଡାକୁ ଥାଉ,
ଶୁଭୁଛି ଯାହା, ଶୁଭୁ ଥାଉ,
ଯିବାର ମୋର ନାହିଁ
ତୁ ଯେତେବେଳେ ଡାକିବୁ ମତେ
ଯିବି ତ ଯିବି,
ଫେରିବାର ବି ନାହିଁ ॥

ମାଟି, ଆକାଶରେ,
ପାପରେ, ପୁଣ୍ୟରେ,
ସବୁଠି ତତେ ପାଏ
ପାଇଲା ପରେ ଖୋଜେ କାହିଁକି
ସତରେ କଣ ପାଇ ନ ଥାଏ ॥

କେବେ ଭାବୁଛି
ଆସିଲେ ତୁ
ମୁଁ ତୋ ସାଙ୍ଗରେ ଯିବି,
ଏଇଠି କିଆଁ
ଦେହ ଅଦେହ
ଅନ୍ଧାରରେ
ଅଣ୍ଡାଳି ହେଉଥିବି ॥

ଲୋଡିବା, ପାଇବା,
ହଜେଇବା ମୋ
ଜୀବନ ବୃତ୍ତର ତିନିଟି
କ୍ରମିକ ବିନ୍ଦୁ,
ଯେତେ ଧାଉଁଛି
ଘୂରିଯାଉଛି
ବିନ୍ଦୁକୁ ମଣି ଅମୃତ ସିନ୍ଧୁ ॥

ତୁ ଏକା ଜାଣୁ,
ଅମୃତ ର ମୋହରେ
ସିନା ଅଛି ଏଇଠି,
ସତରେ ଯଦି ଯାଇପାରନ୍ତି
ନିର୍ବାଣ ମୁଁ ପାଇ ପାରନ୍ତି
ତୋର ମାୟା, ମୋର କାୟା,
ଛନ୍ଦି ହୋଇଛି ଯେଣୁ ॥

■

ପାରୁନି ସଂସାର ଛାଡ଼ି

ଜୀବନର ଡୋର ଲମ୍ବିଛି ମୋର
ତୋ ବଂଶୀରୁ ଯମୁନା ଯାଏଁ,
କେତେ ଥର ଜନ୍ମ, କେତେ ଥର ମୃତ୍ୟୁ,
କେତେ ଥର ହଁ, କେତେ ଥର କିନ୍ତୁ,
ଲୋଭ ଆଉ ମୋହ ପାରିନି ଫିଙ୍ଗି,
ଅହଂକାର ଯେତେ ଯାଇନି ଭାଙ୍ଗି,
ତଥାପି ଯଦି ସେ ଡୋର ତୁ ଟାଣିବୁ
ମୁଁ, ମୋର ମାନେ କିଛି କି ଥାଏ ॥

ଡାକିଛୁ ଆ-
ଡାକି ନେଇ ପୁଣି କହିଛୁ ଘର କୁ ଯା'
ଘର ବୋଲି ଯାହା ସମ୍ପାଦି ଥିଲି,
ତତେ ପାଇବାକୁ ତାକୁ ଛାଡିଲି,
ଠିକଣା ବତେଇ ନାହୁଁ ତୁ ମତେ,
ନୂଆ ଘର ଏବେ ଖୋଜିବି କେତେ ?
ଫେରି ପଡନ୍ତି ତୋ ପାଖକୁ ପୁଣି ଯେ
ଏବେ ତୁ କହିଛୁ ନା ॥

ତୁ ଡାକୁଛୁ ବୋଲି ଭାବିଲା ଦିନୁଁ
ଲାଜ ସରମ ତ ଛାଡ଼ି ସାରିଛି ମୁଁ
ତୋ ପାଖରୁ ଆସିଛି,
ତୋ ପାଖକୁ ଫେରିବି,

ଜାଣିଛି ଯଦି ମୁଁ କାହିଁକି ଝୁରିବି ?
ତତେ ଯଦି ସବୁ ସମର୍ପି ଦେଇଛି
ପାଇବା ହିସାବ କିଆଁ କରିବି ?
ଇଚ୍ଛା ହେଲେ ତୋର ପାଖକୁ ଡାକୁଛୁ
ଇଚ୍ଛା ହେଲେ ପୁଣି ଦେଉଛୁ ତଡ଼ି,
ସବୁ ଜନ୍ମରେ ଏମିତି କରୁଛୁ
ବୋଲି ମୁଁ ପାରୁନି ସଂସାର ଛାଡ଼ି ॥

ମନେ ପଡେ ଜମା ଯାଇନି ବୋଲି

ତୋର କଥାରେ କୁହୁକ ଆଖିରେ ମାୟା,
ନିଃଶବ୍ଦରେ ଡ଼ାକୁଥିବୁ ତୁ ଆ-
କେବେ ଶୁଣିଥିବି,
କେବେ ଶୁଣିବାକୁ କାନ ଡେରିଥିବି
ସବୁବେଳେ ଖାଲି ଭାଳି ହେଉଥିବି
ନାହିଁ କରୁଥିବି,
ଟାଣି ହେଉଥିବି
ଲିଭି ଗଲା ଯାଏଁ କାୟାର ଛାୟା ॥

ଲୁଚେଇ ରଖିଛି
ହାଡ଼ ରକ୍ତ ମାଂସ ଭିତରେ ଆତ୍ମାକୁ
ସେଇ ବେହରଣ ଉତାରି ଦେବାକୁ
ଯେତେ ଥର କହୁ ମାନେ ନା ତାହାକୁ
ଏକାନ୍ତରେ ଏଣେ ଭାଳି ହେଉଥାଏ
ଅହଙ୍କାର ମୋର
ଅନେକ ପ୍ରକାର
ତୋ ଠାରୁ ଦୂରକୁ ଟାଣି ନେଉଥାଏ ॥

କେବେ ପୁଣି ମଣି ମାଣିକ୍ୟ ମଣ୍ଡଣି
ନୂଆ ଜରି ଶାଢୀ ପିନ୍ଧି ହୁଏ ସଜ,
ଯିବା ପାଇଁ ବେଳ ହେଲାଣି ବୋଲି
ଭୁଲିଯାଏ ସବୁ ସରମ ଲାଜ,

ଯେ ଯେତେ କହିଲେ ବୁଝେନା
ମନ ମାନେନା
ସବୁବେଳେ କିଆଁ ଖାଲି ଖାଲି ଲାଗେ ଜାଣେନା
ବେଳଯାକ ମୋର ସରିଲା ବେଳକୁ
ମନେ ପଡେ ଜମା ଯାଇନି ବୋଲି,
ଯିବାପାଇଁ ମୋର କି ଆୟତ୍ତ ଅଛି
ନିଜେ ତୁ ପାରିନୁ ପାଖକୁ ଟାଣି ॥

■

କେହି ଜଣେ ଆସି କହନ୍ତା

କେହି ଜଣେ ଆସି କହନ୍ତା
ମୋ ନାଁ ଧରି ଡାକୁଛୁ ବୋଲି,
ନିଭୃତରେ, କାନନରେ
ଯେମିତି ପଛେ ବଜା ତୁ ବଂଶୀ
ମତେ ସେ ଖାଲି ଝୁରୁଛି,
ଆକାଶରେ ମୋ ନାଁରେ
ପ୍ରତିଧ୍ୱନି ଭରୁଛି,
ଏତିକି ଶୁଣି
ସବୁ ଅର୍ଗଳି ହୁଅନ୍ତି ପାରି
ରହନ୍ତି ମୋର କାନକୁ ଡେରି
ତଥାପି ଯଦି ଶୁଭନ୍ତା ନାହିଁ
ଭାବନ୍ତି ମନ ଦେହକୁ ଛାଡି
ଆତ୍ମା ମୋର
ଶବ୍ଦ ହୋଇ ଯାଆନ୍ତା ॥

କେହି ଜଣେ ଆସି କହନ୍ତା
ତୁ ମତେ ଖୋଜୁଛୁ ବୋଲି,
ଛିଣ୍ଡେଇ ସବୁ ସମ୍ପର୍କ ଡୋରି
ମୁଁ ଫିଟି ପଡନ୍ତି ସେଇଠି,
ଆୟୁଷରେ ମୋ ଲାଗନ୍ତା ଡେଣା
କିଛି କି ମତେ ପଡ଼ନ୍ତା ଜଣା
ଦୂର ମାନସକୁ ଉଡିଗଲା ପରେ

ମୋର ଆଉ ଚେତନା ନ ଥା'ନ୍ତା
କି ମୋର ମୁଁ ବି ନ ଥା'ନ୍ତା ॥

କେହି ଜଣେ ଆସି କହନ୍ତା
ତୁ ମୋ ଦୁଆରକୁ ଆସିଛୁ ବୋଲି,
ମୋର ଯେତେ ଅଭିମାନ
ଆଉ ଅନନ୍ତ କାଳର ପ୍ରତୀକ୍ଷା ଏଡ଼ି
ଦୌଡ଼ି ଆସନ୍ତି ତତେ ଦେଖିବାକୁ
ମୋ ଚାରିପାଖ ମତେ ଅଦୃଶ୍ୟ ଦିଶନ୍ତା,
ମୋର ଆଉ ଅପ୍ରାପ୍ତି ନ ଥା'ନ୍ତା,
କି ମୋର ଆଉ ଜନ୍ମ ବି ନ ଥା'ନ୍ତା ॥

ଆସିବୁ ତୁ ସଖା ସେତେବେଳେ

କେହି ବି ନ ଥିବେ ଯେତେବେଳେ,
ଆସିବୁ ତୁ ସଖା ସେତେବେଳେ,
ପାପର, ପୁଣ୍ୟର ହିସାବ କି ଲୋଡ଼ା
ସବୁ ତ ପାଶୋରି ଯାଇଥିବି,
ଆଖିର ମନର ଯେତେକ ଅଭାବ
ଭରିଲା ଯାଏଁ ମୁଁ ଦେଖୁଥିବି ॥

ଶୁଖିଗଲେ ପାଦ ଚାଲିବାର,
ଚମକି ଚାହିଁବି ବାରମ୍ବାର,
ହସର, ଲୁହର ସୀମା ସରିଥିବ
କଥା ବି ନ ଥିବ କହିବାକୁ,
ନିଶି ଦିବସରେ କୋମଳ ଆଶାରେ
ନିଶା ଥିବ ଖାଲି ପାଇବାକୁ ॥

ଅତନୁ ତନୁରେ ପ୍ରାଣ ଭରି,
ଅଶୋକ ସୁରଭି ଯିବ ଝରି,
ସେଇ କ୍ଷଣଟିର ବାଟ ଚାହିଁଥିବି
ଚିରକାଳ ଏମିତିରେ,
ନିଜକୁ କାହିଁକି ରୋକିବି ସେଇଠି
ନ ଥିବି ନିଜର ଆୟତ୍ତରେ ॥

ସଂସାରର ମାୟା ତୁଟିଥିବ,
ଯିବା ପାଇଁ ଆତ୍ମା ଫିଟିଥିବ,
ଜାଣିକି ହଜେଇ ଦେଇଥିବି ମୁଁ ତ
ବାଟର, ଘାଟର ଠିକଣା,
ତୋର ଆସିବାର ଲୋଭରେ କରିବି
ଝୁଣ୍ଟିବାର ମିଛ ବାହାନା ॥

ଆଲୋକ ନ ଥିବ, ସ୍ୱର ବି ନ ଥିବ,
ସମୟ ସେଇଠି ଅଟକି ଥିବ,
ଆକୁଳ ଚିତ୍ତର ଆଉ କି ଲାଳସା
ଆସି ସାରିଥିବୁ ଯେତେବେଳେ,
ଅନୁପମ ସେଇ ପୁଲକର ଛୁଆଁ
ସାଇତିଥିବି ମୁଁ ପଲକ ତଳେ ॥

■

ମୁଁ ଆଉ ଯିବି ନାହିଁ

ତୁ ଯେତେ ଡାକୁଛୁ ଡାକେ
ମୁଁ ଆଉ ଯିବି ନାହିଁ
ଯିବା ପାଇଁ
ମୋର ସିନା ମନ ଅଛି,
ତୋର ଜମା ମନ ନାହିଁ,
ସେଇଥି ପାଇଁ,
ଯିବି ନାହିଁ,
ଯିବା କଥା ଭାବିବି ନାହିଁ ॥

ଯେତେଥର
ଯିବି ବୋଲି ଭାବିଲି,
ମୁହଁ ଫିଟେଇ କହିଲି,
ତୁ କହିଲୁ 'ଆ– ନାହିଁ
ନୂଆ ଲୁଗା ନାହିଁ,
ଘରେ ଜାଗା ନାହିଁ,
ଚନ୍ଦନର ବାସ ଛୁଟି ନାହିଁ,
କୁଙ୍କୁମର ରଙ୍ଗ ଫିଟି ନାହିଁ,
ସବାରୀ ବାଲା ଆସି ନାହିଁ,
ଶୁଭଲଗ୍ନ ମିଳି ନାହିଁ,
ସବୁ ଖାଲି ନାହିଁ, ନାହିଁ, ନାହିଁ ॥'

ଏବେ ପାଟି ବୁଜିଲି ,
କାନ ବୁଜିଲି ,
ଆଖି ବୁଜିଲି ,
କହିବି ନାହିଁ,
ଶୁଣିବି ନାହିଁ,
ଦେଖିବି ନାହିଁ,
ଯିବା କଥା ଭାବିବି ନାହିଁ
ତୁ ଯେତେ ଖୋଜୁଛୁ, ଖୋଜେ,
ମୁଁ ଧରା ଦେବି ନାହିଁ,
ତୁ ଯେତେ ଡାକୁଛୁ ଡାକେ
ମୁଁ ଆଉ ଯିବି ନାହିଁ ॥

■

ମାୟାରେ ତୋର ଛନ୍ଦି ହେଉଛି ନିତି

କେତେ ଥର ଭାବେ ଏମିତି ଆଉ କରିବି ନାହିଁ,
ସେମିତି ଆଉ କରିବି ନାହିଁ,
ବୃଥା ମାୟାରେ ପଡ଼ିବି ନାହିଁ,
ଯାହା ନୁହେଁ ମୋର ଲୋଭରେ ତା'ର ହେବିନି ବାଇ
ଏତେ କଥା କି ମୋ ମନରେ ଥାଏ,
ଯେବେ ବିତାନରେ ଧୀର ସମୀରଣ
ବଂଶୀରୁ ବାହାରି ମତେ ଛୁଇଁ ଯାଏ ॥

ଜନ୍ମ ଜନ୍ମର ଅପ୍ରାପ୍ତି ଯାକ ଭୁଲିବି ବୋଲି
କୂଳ, ମୂଳ ସବୁ ଛାଡ଼ିଲି
ଧୂଳିରେ ନାହିଁ କି ତାରାରେ ନାହିଁ
କାହାକୁ କେବେ ଖୋଜିବି ନାହିଁ
କବାଟ, ଝର୍କା ସବୁ ବୁଜିଲି,
ଡାକୁଚି କେହି ମନରେ ଆଣି
ପୁଣି ସେଇ ଗୋଟେ ଜାଗାରେ ବାଟ ହୁଡ଼ିଲି ॥

ଫୁଟିଲା ଯେବେ ଦୂରରେ କାହିଁ ଅଜଣା କେଉଁ ଫୁଲ
ବାସ୍ନା ତାର ଆସିଲା ଏଠି,
ଲାଗିଲା ମତେ ତୁ ବି ସେଠି
ଖୋଜୁଛୁ ବୁଲି ବଣ ଜଙ୍ଗଲ ମାଳ
ଆଖିରେ ତୋର ମୋର ଛବି ମୋ ଆଖିରେ ତୋର
ଆଙ୍କିଦେଇ ଯାଇଛି କେହି ହିସାବ ନାହିଁ ତାର ॥

କଳ୍ପନାରେ ବୁଡି ରହିଛି,
ଫେରିଯିବାକୁ ଯେବେ ଚାହିଁଛି,
ବୁଝିଛି ଯେତେଥର
ପାଇବି ନାହିଁ କେବେ ମୁଁ ତାହା
ଯାହା ନୁହେଁ ପାଇବାର,
ଜାଣିଲା ପରେ ବି
ପାହିଲେ ରାତି
ନାହିଁ ମୋ ଗତି
ମାୟାରେ ତୋର ଛନ୍ଦି ହେଉଛି ନିତି ॥

■

ଗଡିଯାଉଛି ଶୁଭ ମୁହୂର୍ତ୍ତ

ତୋ ପାଖରେ ଥାଏ କି ଦୂରରେ ଥାଏ,
ତୋର ହେବାକୁ ବାଟ ଚାହିଁ ଥାଏ,
ତୋ ଭିତରେ ଥାଏ କି ବାହାରେ ଥାଏ,
କେହି ଜାଣେନା
ମନେମନେ ମୁଁ ତୋର ହୋଇ ସାରିଥାଏ ॥

ତତେ ବି କଣ ଅଜଣା ଅଛି ?
ଏମିତି ଯେତେ ଜନ୍ମ ବିତିଛି,
ଘୂରି ଫେରି ତୋ ପାଖେ ଆସିଛି,
ଛୁଇଁଲେ ତତେ
ହୁଅନ୍ତା ସିନା ଆତ୍ମାର ମୋକ୍ଷ ପ୍ରାପ୍ତି,
ହେଲେ,
ସେତିକି ମାତ୍ର
ସବୁ ଜନ୍ମରେ ମୋର ବାକି ଅଛି ॥

ଜାଣିଛି ମୁଁ ଗୋ ପ୍ରିୟ ସଖା
ତୁ ହିଁ ମୋର ସୀମାରେଖା
ମନକୁ ଯଦି ଆସିନି ମୋର
ତମାଳ କୁଞ୍ଜ ଅଭିସାର
ଉଠିଛି କୋହ
ଝରିଛି ଲୁହ
ସେତିକିବେଳେ ଲାଗିଛି ମତେ

ମଧୁର ସେଇ ସ୍ୱପ୍ନ ଝରଣା
ମରୁବାଲିରେ ଯାଇଛି ହଜି
ହଜେଇ ଦେଇ ତୋ ଠିକଣା ॥

ତଳକୁ ତଳ ଯାଉଛି ଯେତେ
ଖୋଜୁଛି ତତେ
ବୁଝୁ ନ ବୁଝୁ ଟେକିଛି ହାତ
କେବେ ତ ଦିନେ ତଳକୁ ଆସି
ଡାକିବୁ ମତେ 'ପ୍ରିୟସଖୀ,
ଦିଗ୍‌ବଳୟ ସେପାରେ ଯିବା,
ଚଞ୍ଚଳ ହୁଅ,
ଗଡ଼ି ଯାଉଛି ଶୁଭ ମୁହୂର୍ତ୍ତ' ॥

ମନର ଅଭାବ ଥାଉ ମୋ ମନରେ

ପାଇବାକୁ ତତେ ଲୋଡ଼ୁ ନାହିଁ ଆଉ
ପାଇଲେ ଖୋଜିବା ସରିଯିବ,
ତୋ ଲାଗି ମୋର ଯେତେକ ଅଭାବ
ସେ କିଆଁ ମନରେ ଭରିଥିବ ॥
ଅଭାବ କାହାକୁ ଭରି ଦେଇପାରେ,
ନିଶା ଥାଏ କେତେ ଖୋଜିବାରେ,
ଖୋଜିବା ଥିଲେ ତ ଭାବିବି ପାଇବା ଅଛି,
ଏଣେ ଅନନ୍ତ କାଳ ଆଖିର ପ୍ରତୀକ୍ଷା
ସରିଯିବ ବୋଲି ଡରୁଛି ॥
କେହି କିଛି ମତେ କହୁ କି ନ କହୁ
ଜାଣି ସାରିଛି ମୁଁ
ତୁ ମୋ ପାଖରେ ରହିଚୁ
ପାଦଶବ୍ଦ ତୋର ଶୁଭେନାହିଁ ହେଲେ
ତୁ ମୋ ସାଙ୍ଗରେ ଚାଲୁଛୁ
ଛୁଇଁଦେବି ବୋଲି ହାତ ବଢେଇଲେ
ଘୁଞ୍ଚି ଘୁଞ୍ଚି ଲୁଚି ଯାଉଛୁ ॥
ଏବେ କହ ଆଉ ଲୋଡ଼ିବି କାହିଁକି ?
ଯଦି ମୁଁ ତୋ ଠାରୁ ଅଲଗା ନୁହେଁ
ଯଦି ତୁ ଲୁଚିଛୁ ଅଭାବ ଭିତରେ,
ମନର ଅଭାବ ଥାଉ ମୋ ମନରେ
ତତେ ମୁଁ ପାଇବା ଯାଏଁ ॥

ସତରେ ଯଦି ମୁଁ ଖୋଜୁଛି ତତେ

କହିବା, ଶୁଣିବା ଗହନ ମାୟାରୁ
ମୁକୁଳି ପାରିନି ଯଦି ଆଜି ଯାଏଁ
ଭାବିବି ତେବେ ମୋ ଅନ୍ୱେଷଣରେ
ଆକୁଳତା ନାହିଁ କାଣିଚାଏ ॥

କେବେ ଯଦି କିଛି ଶୁଣିଲି ଦାଣ୍ଡରେ
ମୋ ନାଆଁରେ କି ତୋ ନାଆଁରେ
ନିଜଠି ନିଜର ସନ୍ଦେହ ବଢ଼ିଛି
ଯିବି ନାହିଁ ଭାବି ସେଇଠୁଁ ଫେରିଛି
ଘର ବୋଲି ଯାହା ଛାଡ଼ି ଯାଇଥିଲି
ଫେରିବିନି କେବେ କହି ଯାଇଥିଲି
ସେଇ ଅନ୍ଧାର ଗମ୍ଭୀରା ଭିତରେ
ଭାବ-ଅଭାବକୁ
ଆଉ ଥରେ ଫିଙ୍ଗିଦେଇଛି ॥

ଏମିତି ଯେଉଁଠି ବାରମ୍ବାର
ଯିବି ବୋଲି କହି ଫେରୁଥିବି
କଥାର, କାନ୍ଦର
ହସର, ଲୁହର
କେଉଁ ଆକୁଳତା
ସେଠି ଅଛି ମୋର
ଖୋଜୁଛି ବୋଲି ଦେଖେଇ ହେବାର

ବାହାନାରେ ଖାଲି
ସମୟ ବୃଥାରେ ସାରୁଥିବି ॥

ଏମିତିରେ ମନେ ନାହିଁ ଆଉ ମୋର
କେତେ କେତେ କଷ୍ଟ ସହିଛି
ତୋ ଆସିବାର ବାଟ ଚାହିଁ କି
ସତରେ ଯଦି ମୁଁ ଖୋଜୁଛି ତତେ
କାହାକୁ କହିବି କାହିଁକି ?
ପାଇଗଲେ ତତେ ଲୁଚେଇ ଦେବାକୁ
ମୋର କଣ ଜାଗା ନାହିଁ କି ? ॥

■

କେବେ ତୋର ମନ ଥାଏ

ନା ଘର ନା ସଂସାର
ନା ଆତ୍ମା ନା ଶରୀର
ଏଣିକି ମୁଁ ସବୁଥିରୁ ବାହାର
ତୋ ଆଗକୁ ଆସିବା ଆଗରୁ ମନରେ
ହିସାବ ଲଗାଏ ଥରକୁ ଥର,
ମତେ ଦେବା ପାଇଁ ଯେତିକି କହିଛୁ,
ତା'ଠାରୁ ଅଧିକ ଅଭାବ ମୋର ॥

ସାରା ଜୀବନ ମୋ ଛୋଟ ବିନ୍ଦୁଟିଏ
ସମୁଦ୍ର ପରାୟେ ଲୋଭକୁ ନେଇ,
ଜାଣି ତୁ ହସିଛୁ
ଗୋପନେ କହିଛୁ
ଆଶା ମୋର ଦିନେ ଯିବ ତ ପୂରଣ ହୋଇ
ହେଲେ ତୁ ଏତିକି ଜାଣିନୁ କେମିତି
ଆଶା ସବୁଦିନ ଆଶା ହୋଇ ରହେ ସେମିତି
ଯେତେ ପୂରିଲେ ବି ଶୂନ୍ୟସ୍ଥାନ ଥାଏ
ଆହୁରି ପୂରିବା ପାଇଁ ॥

ସେଇ ଶୂନ୍ୟତା ଭିତରେ ଲୁଚିଛି
ତୋର-ମୋର ଯେତେ ଦିଆନିଆ ଅଛି
ଭାବ ଅଭାବର ସଂସାର ଭିତରେ ସଖା,
କେହି ବୁଝେନାହିଁ ଏତେଥର ବଂଶୀ

କାହିଁକି ଝୁରୁଛି କିଏ ସେ ସ୍ୱରଲେଖା ?
ମତେ ଦିଶେ ଖାଲି ତତେ ପାଇବାର
ରାସ୍ତା ଯେତେକ ଲମ୍ବିଛି
ସବୁଯାକ ଗୋଟେ ନିଃଶ୍ୱାସରେ
ପାରି ହୋଇ ଯିବି ଭାବିଛି ॥

ପହଞ୍ଚି ସେଇଠି ଚମକି ପଡିବି
ଦୁଆର ଫିଟେଇ ରହିଛୁ
ଆସିବାକୁ ମୋର ସତରେ ଯେମିତି
ତୁ ବି ଅନେଇ ବସିଛୁ
ସତରେ କି କେବେ ତୋର ମନ ଥାଏ
ମତେ ଥରେ ଦେଖିବାକୁ
ସବୁ ହିସାବ ତ ଭୁଲ୍ ଏ ଥର
ଯେତିକି ଅଭାବ
ତା'ଠାରୁ ଅଧିକ ପାଇବା ମୋର ॥

ଆରମ୍ଭରୁ ହାତ ଟେକି ଦେଇଚି

ତୁ କହିଥିଲୁ ଯେବେ ମୁଁ ଖୋଜିବି
ମୋ ପାଖରେ ଆସି ଯିବୁ ପହଞ୍ଚି
ଖୋଜିବାରେ ମୋର ଊଣା କି ରହିଲା
ତୁ ଏବେ ଦୂରକୁ ଯାଉଚୁ ଘୁଞ୍ଚି ॥

ତତେ ଦେଖିବାକୁ ଆୟୁଷ ସାରୁଛି
ମୁହଁ ଦେଖେଇ ତୁ ଯାଉଛୁ ଲୁଚି,
କେମିତି ମାନିବି ମୋ ଭିତରେ ତୁ
ତୋ ଭିତରେ ମୁଁ ଭରି ରହିଚି ? ?

ସାରା ଦୁନିଆଁର ଦୁଃଖ ସୁଖ ଯେତେ
ବୁଝିବାକୁ ତୋର ବେଳ ରହିଚି
ଏକା ହୋଇ ମୁଁ ତୋ ଦାଣ୍ଡରେ ଠିଆ
ତତେ କଣ ସତେ ଭଲ ଦିଶୁଚି ? ?

ବୁଝି ପାରୁ ବୋଲି ମନର ଭାଷା ତୁ
ନୀରବରେ ତତେ ସବୁ କହିଚି
ମନରୁ ମନକୁ କେତେ ଦୂର କହ
ଯେତେ କହିଲେ ବି ବୁଝୁନୁ କିଛି ॥

ଗୋଟିଏ ଜାଗାରେ, ଗୋଟିଏ ପାଦରେ
ତୋ ନାଆଁ ଲେଖି ଠିଆ ହୋଇଚି

ଦୁଆର ଫିଟେଇ ଯେତେଥର ଆସୁ
ପଛ ଲୋକକୁ ତୁ ଦେଉଛୁ ବାଛି ॥

ସାନ ଯାହା ତତେ ଭଲ ଲାଗେ ବୋଲି
ଧୂଳିକଣାଠାରୁ ସାନ ମଣିଚି
ତଥାପି ତୋର ମନକୁ ପାଉନି
ଏମିତି କାହିଁକି ମତେ ଲାଗୁଛି ?

ନିଜେ ଚାହିଁଲେ ମୁଁ ବାହାରିଯିବାକୁ
ତଳକୁ ତଳକୁ ବୁଡି ଯାଉଛି
ପାପରୁ, ପଙ୍କରୁ ଉଠେଇ ନେବାକୁ
ଆରମ୍ଭରୁ ହାତ ଟେକି ଦେଇଚି ॥

■

ଆହୁରି ଅଧିକ ପାଇବା ପାଇଁ

ସକାଳ ସଜଳ ଆଲୋକରେ
ସନ୍ଧ୍ୟାର ମଧୁର ପରଶରେ
ଆତ୍ମାରେ, ଅନୁଭବରେ
ଭାବରେ,
ଭୋଗରେ,
ସବୁଠି ତୁ ଅଛୁ ମୋର ହୋଇ
ତଥାପି କାହିଁକି ବାୟାଣି ମୁଁ
ଆହୁରି ଅଧିକ ପାଇବା ପାଇଁ ॥

ଭିଜା ମାଟିର ବାସ୍ନା ଯେବେ ମହକି ମହକି
ଆକାଶ ଯାଏଁ ପ୍ରସରି ଯାଏ,
ସେତିକି ବେଳେ ଖୋଜି ମୁଁ ତତେ
ସାରା ପୃଥିବୀର ଶୂନ୍ୟତାକୁ ସାଉଁଟି ନିଏ
କେଉଁଠି କେହି ଆଉ କି ଥାଏ
ନିଜକୁ ନିଜେ ପଚାରି ଦିଏ
ମନ ଭିତରେ, ମନ ବାହାରେ
ସବୁଠି ତୁ ଅଛୁ ମୋର ହୋଇ
ତଥାପି କାହିଁକି ବାୟାଣି ମୁଁ
ଆହୁରି ଅଧିକ ପାଇବା ପାଇଁ ॥

କହ ନ କହ,
ଶୁଣେ ନ ଶୁଣେ ,

ତଥାପି ଗଣ୍ଠି ପଡ଼ି ଯାଇଚି,
ଆସେ ନ ଆସେ,
ଯିବି ନ ଯିବି,
ଜୀବନର ଦି' ଛକିରେ
ପାଦ ଉଠେଇ ଠିଆ ହୋଇଚି,
ଏମିତି ମତେ ଠିଆ କରେଇ
ତୋ ମନ ବି ବୁଝିବ ନାହିଁ
ଏକଥା ମୁଁ ଜାଣି ଯାଇଛି,
ମୋ ଭିତରେ ତୁ ନୁହେଁ,
ତୋ ଭିତରେ ମୁଁ ଅଛି
ଜାଣି ବି ପୁଣି ନିତି ଖୋଜୁଛି
ଭାଳି ହେଉଛି
ଏଠି, ସେଠି,
ସବୁଠି ତୁ ଅଛୁ ମୋର ହୋଇ
ତଥାପି କାହିଁକି ବାୟାଣି ମୁଁ
ଆହୁରି ଅଧିକ ପାଇବା ପାଇଁ ॥

ତୁ ନାହୁଁ କି ମୁଁ ବି ନାହିଁ

ଶାନ୍ତ ତୋର ଆଖିକୁ ଦେଖି
ଆଖିରେ ମୋର ଆସିଲେ କ୍ଳାନ୍ତି,
ମଣିବି ଯେତେ ସାଧନା କଲି
ବୃଥାରେ ସିନା ବେଳ ସାରିଲି
ଚାଲିଲି ଯେତେ ବାଟ-ଅବାଟ
ମାଡିଲି ଯେତେ ତୁଠ-ଅତୁଠ
ପ୍ରାପ୍ତି ବୋଲି ଯେତେକ ଗର୍ବ ସବୁ ହିଁ ମିଛ- ଭ୍ରାନ୍ତି ॥

ମାୟାରେ ତୋର ହେବିନି ଯଦି
ଛନ୍ଦି ଚିର କାଳକୁ,
ରହିଛୁ ବୋଲି ମୋ ମନେ ସଖା
କେବେ ନ ଦେଖି ହୋଇଛି ଦେଖା
ଛୁଇଁ ଦେବାର ଅମୂର୍ତ୍ତ ବେଳ
ଯମୁନା କୂଳ, କଦମ୍ବ ଡାଳ,
ସବୁ ହିଁ ଶୂନ୍ୟ, ସବୁ ହିଁ ସ୍ୱପ୍ନ ତୁଟିଛି ସକାଳକୁ ॥

ଯେତେ ଦୂରେ ତୁ ରହୁଛୁ ରହ
ଲୁଚେଇ ସବୁ ଚିହ୍ନ,
ପାଖକୁ ତୋର ଯିବାର ପାଇଁ
ବାହାନା ଯଦି କରିବି ନାହିଁ
କରିବି ନାହିଁ ଷୋଳ ଶୃଙ୍ଗାର
ହେବି ନାହିଁ ମୁଁ ଘର-ବାହାର

ସବୁ ମୋ ପ୍ରୀତି, ମୁକ୍ତି, ଆସକ୍ତି
ଅନର୍ଥ ଖାଲି ଶବ୍ଦର ଆସ୍ତରଣ ॥

ପାଇବା ବଡ ଗହନ କଥା
କେବେ ମୁଁ ଯଦି ଲୋଡିବି ନାହିଁ,
ତୋ ଲାଗି ମୋ ମନରେ ଯେବେ
ତୃଷ୍ଣା ଆଉ ଆସିବ ନାହିଁ,
ସେଦିନ ନିଜେ ବୁଝି ଯିବି
ସଂସାରରେ କିଛି ନାହିଁ,
କେଉଁଠି ନାହିଁ, କେହି ନାହିଁ,
ତୁ ନାହୁଁ କି ମୁଁ ବି ନାହିଁ ॥

ଅଛି ଖାଲି ଚମକି ଯିବାର

ଯେତେଥର
ଆତ୍ମା ମୋର
ଚାହୁଁଥାଏ ହେବାକୁ ଅକ୍ଷର,
ଛାଡ଼ିବାକୁ ନଶ୍ୱର ସଂସାର,
ସେତେଥର
ନୂଆ ଘର
ଗୋପନରେ ଡ଼ାକେ ବାରମ୍ବାର,
କହ
ମୁଁ କେମିତି ଯିବି ଏତେ ଦୂର ॥

ତୁଟୁନାହିଁ ଲୋଭ ମୋର ମାନୁ ନାହିଁ ମନ
କେବେ କେବେ
ଆଡେଇ ଯାଉଛି
ମତେ ତ ଯିବାର ଅଛି
ଯେଉଁଠାରୁ ଶୁଭୁଛି ତୋ ବଂଶୀସ୍ୱନ
ଏଣେ ମୋର ବାକି ଅଛି ଆଉ କେଇ କ୍ଷଣ
ସବୁକୁ ସାଉଁଟି ନେଇ
ଯେତେଥର ବାହାରୁଛି ଯିବା ପାଇଁ
ସେତେଥର
ନୂଆ ଘର
ମୋହରେ ମୋ ସମୟ ବିଲୀନ ॥

ଏବେ ତ ଦୁଆରେ ମୋର
ସବାରୀ ହେଲାଣି ଠିଆ
ତାକୁ ଚାହିଁ
ଯିବି ନାହିଁ
କହିବାର ମାନେ କିଛି ନାହିଁ
ଏଠି ଆଉ
ରହିବାର ମାନେ କିଛି ନାହିଁ
ଅଛି ଖାଲି ଚମକି ଯିବାର
ଭୁଲି ଯାଇଥିଲି କେମିତି ମୁଁ
ଆତ୍ମା ତୋର , ବଂଶୀ ତୋର,
ନୂଆ ଘର ବି ତୋର ॥

ଗୋଟିଏ ଜନ୍ମ ମୋ ଗୋଟିଏ ରାତି

ଯେଉଁ ଆଡ଼େ ଚାହେଁ ସେଠି ତତେ ପାଏ
ତଥାପି ଦେଖିବା ଲୋଭରେ ଧାଏଁ
ଏ ମୋର ମନର ଗୋଲକ ଧନ୍ଦା ନା
ସତରେ କି ତତେ ପାଇ ନ ଥାଏ ? ॥

ମୁଁ ତ ଅସ୍ଥିର ମନେ ନାହିଁ କିଛି
କେବେ ତୁ ଆସିଛୁ କେବେ ମୁଁ ଯାଇଛି
ମନରେ ଯେଣୁ ଭାବୁଛି ତୋ ରୀତି
ଆହୁରି ଅବୁଝା ଅଛି
ନିରନ୍ତର ସେଇ ଗୋଟିଏ କଥାକୁ
ଗୋଟିଏ ଧାରାରେ କହି ଚାଲିଛି
ଶୁଣୁ କି ନ ଶୁଣୁ କେମିତି ଜାଣିବି
ସବୁବେଳେ ତୁ ତ ଦେଉଛୁ ହସି,
ଯେଉଁଥି ପାଇଁକି ଅଭିମାନ ମୋର
ବୁଝୁନୁ ବୋଲି ତୁ କିଛି
ତୁ ପଛେ ମୋ ଭିତରେ ଥା–
ତତେ ଖୋଜିବା ମୋ ଭାବନା
ଭିତରେ ଗୁନ୍ଥି ହୋଇ ଯାଇଛି ॥

ଯେତେ ଥର ଦେଖେ ସେତେ ଥର ନୂଆ
ଲାଗୁଥାଏ ବୋଲି ଚମକି ଯାଏ,
କାହାକୁ କେବେ ବି କହି ହୁଏନାହିଁ

ମନେ ମନେ ତତେ ଖୋଜୁଥାଏ,
ତେବେ କିଏ କହ ଜାଣିବ କେମିତି
ଗୋଟିଏ ଜନ୍ମ ମୋ ଗୋଟିଏ ରାତି
ନିତି ଅଗ୍ନିସ୍ନାନ, ନିତି ପୁନର୍ଜନ୍ମ
ଏମିତିରେ ଯୁଗ ଗଲାଣି ବିତି
ଯେଉଁଠି ସେଇଠି ଅଟକି ଯାଇ
ସବୁ ଛାଡିଦେଇ ଖୋଜୁଛି ମୁକ୍ତି ॥

ତୁ ଇଚ୍ଛା କଲେ କୈବଲ୍ୟ କଣାରେ
ସାରା ସଂସାରକୁ ସଜାଡି ନେଇ
ଆଖି ବୁଜି ଦେଇ
ଦେଖନ୍ତି ସେଇ
ବିନ୍ଦୁଏ ଆଲୋକ ଭିତରେ କେମିତି
ମୁଁ ଯାଇଚି ତୋର ହୋଇ ॥

■

ତୁ ଆସିଛୁ ନା ମୁଁ ଯାଇ ପାରିଛି

ଆଲୁଅ -ଅନ୍ଧାର, ହଁ -ନାହିଁ,
ଫେଣ୍ଟି ଦେଇ
କେବେ ଆଗରୁ
କେବେ ପଛରୁ
ଟାଣିବା ଖାଲି ଜାଣିଛୁ ତୁହି
ସେଇଥିପାଇଁ
ପାଦ କାଢିଛି
ଅନେକ ଥର,
ଗୋଟେ ଥର ବି ପାରିନି ଯାଇ ॥

କେତେବେଳେ ତୁ ଡ଼ାକୁଛୁ ଆ-
କେତେବେଳେ ତୁ କହୁଛୁ ଯା-
ବୁଝିପାରୁନି କିଛି,
ମୋ ଜୀବନ ଯମୁନା ଘାଟେ
ତୁ ତ ନିଜେ ସନ୍ଧି ଗୋଟେ
ମୋ ଚାହିଁବା ନ ଚାହିଁବାର
ମାନେ କଣ ଅଛି
ନିତି ନୂଆ ତୋ ଭଙ୍ଗା ଗଢ଼ାରେ
ଅସଜଡ଼ା ମୁଁ ହୋଇ ଯାଇଛି ॥

ଆସିଲା ଦିନରୁ ଜାଣିଛି ଏଠି
ଅଟକି ଯିବା ସବୁଦିନକୁ ନୁହେଁ

ପାନ୍ଥଶାଳା କି କେବେ କାହାର ଘର ହୁଏ ?
ହେଲେ ମୁଁ ତା'ର ମୋହରେ ପଡ଼ି
ପାରୁନି ଛାଡ଼ି
କହିଛୁ ଯେଣୁ ନେବାକୁ ମତେ
ଆସିବୁ ଦିନେ ସମୟ କାଢ଼ି
ତୁ ଜାଣିଛୁ, ମୁଁ ଜାଣିଛି
ଆଜିଯାଏଁ ସିନା
ଚାହିଁ ବସିଛି
ହେଲେ,
ତୁ ଆସିଛୁ ନା ମୁଁ ଯାଇ ପାରିଛି
ଦି' ଦିନର ରହଣି ମୋର
ସବୁଠୁଁ ଲମ୍ବା ହୋଇ ଯାଇଛି ॥

ସବୁ ମୋ ମନରେ ଥାଉ

ଯେତେଥର ନିଜେ ନିଜକୁ କହିଛି
ବହୁତ ହେଲାଣି ଥାଉ
ତୋ ପାଇଁ ଯେଉଁ ଲୋଭ ମୋ ବଢୁଛି
ସହିବିନି ତାର ଦାଉ
ନୀଳ ମାୟା ତୋର ଜୀବନକୁ ମୋର
ଯେତେ ବି ଓଟାରୁଥାଉ
ପାଦରେ ପାଉଁଜି ସଜାଡି ଦୁଆରେ
ଠିଆ ହେବିନାହିଁ ବେଳ ଅବେଳରେ
ମନ ବୁଝିବାକୁ ଯେତେକ ଦେଇଛୁ
ସବୁ ମୋ ମନରେ ଥାଉ ॥

ମନରେ, ଭିତରେ ରଖିବି କହୁଛି
ବାହାରକୁ ପୁଣି ଦେଖେଇ ହେଉଛି
ପାଖରେ ଥିଲେ ତୁ ଭାବୁଚି ତତେ ମୁଁ
ସାଇତିବି ବୁକୁ ତଳେ
ଯେତେବେଳେ ତୋର ଦେଖାମିଳିବନି
ପାଇବି ମୁଁ ସେଇଠାରେ ॥

ମୋ ଠାରୁ ଲିଭିନି ସଂସାରର ମୋହ,
ପଲକରେ କେତ ଲେଉଟାଏ ଦେହ,
ସବୁ ସନ୍ଧିରେ ତ ଅନେକ ଅଳନ୍ଧୁ
ନିର୍ମଳ ହୃଦୟ ଲୋଡୁଛୁ ତୁ ବନ୍ଧୁ

ବାଜିଲେ ମୂରଲୀ ଯାଉଛି ମୁଁ ଭୁଲି
ସବୁ କାମ ମୋର ପଡିଛି ଅଧାରେ
ଦଉଡି ଯାଉଛି ପୁଣି ସେ ବାଟରେ
ନ ମାନି ସକାଳ ସଂଧ୍ୟାରେ
ଏବେ ମୋ ପାଇଁ
ପାଇ ହଜେଇବା,
ହଜେଇ ପାଇବା
ସବୁ ତ ସମାନ ହେଲାଣି
ବୁଝେଇ ବୁଝେଇ ଥକିଗଲା ପରେ
ବୁଝେଇବା ମୋର
କେବେଠୁଁ ମେଲାଣି ନେଲାଣି ॥

ଅପଲକ ମୁଁ ତତେ ଦେଖୁଛି

ଯେତେ ସମୟ ପାରିବି ତତେ
ଏମିତି ଦେଖୁଥିବି
ଆଖିରୁ ନେଇ ମନରେ ପୁଣି
ତୋ ଛବି ଆଙ୍କୁଥିବି ॥

କେଉଁଠି ତତେ ସାଇତିବି ମୁଁ
ଗୋପନେ ଚିରକାଳ
କାହାର ଏଠି ଭରସା ଅଛି
ନା ଆଖିର ନା ସମୟର ॥

ଭୟ ଏମିତି ଘାରିଚି ମତେ
ପାରେନା ଆଖି ବୁଜି
ଆଖି ବୁଜିଲେ ପଲକ ତଳେ
ତୋ ଛବି କାଳେ ଯିବ ହଜି ॥

ସାରା ସୃଷ୍ଟି କୁ ତୁ ଆୟତ୍ତ କରିଛୁ
ହସରୁ ଧାରେ ଫିଙ୍ଗି
ସେଇ ସୃଷ୍ଟିରେ ମୁଁ କେଉଁ ଜନ୍ମରେ
ନିଜର କେମିତି ହେବି ? ॥

କିଏ କାହାକୁ ଆବୋରି ରଖେ
ସବୁ ତୋ ଇନ୍ଦ୍ରଜାଲ

ନିଜକୁ ଯେଉଁଠି ନିଜେ ଛନ୍ଦିଛି
ହେବାପାଇଁ କଲବଲ ॥

ମନରୁ ମୁକାଳି ଦିଅନ୍ତି ତତେ
ମନ ବି ମୋର ନୁହେଁ
ତୁ କ'ଣ କେବେ ଅଲଗା ଚାହିଁବୁ
ମୁଁ ଯଦି ତତେ ଚାହେଁ ॥

ଏଇ ଟିକେ ତୋ ଦେଖା ପାଇଁ କି
ଯୋଡ଼ିଚି ହାତ ସହସ୍ରବାର
ମୋ ଦୁଆରୁ ତୋ ଦୁଆର
ଟାଣିଛି ସିଧା ଗାର ॥

ତତେ ତ ଜଣା ଦେଖିବା ଛଡ଼ା
କିଛି ମୁଁ ଚାହିଁ ନାହିଁ
ଭୂମିରୁ ଭୂମା ଏକାଠି କରି
ଯାଇଛି ସବୁ ପାଇ ॥

ତତେ ଦେଖିବା, ତତେ ପାଇବା,
ସମାନବୋଲି ଜାଣି,
ପାଖକୁ ତୋର ସବୁ ଜନ୍ମରେ
ନିଜେ ହୋଇଛି ଟାଣି ॥

ଯେତେ ଦେଖିଲେ ଲାଗୁଛି ସଖା
ଦେଖିବା ବାକି ଅଛି,
ସେତକ ପୂରା କରିବା ପାଇଁ
ଅପଲକ ମୁଁ ତତେ ଦେଖୁଛି ॥

ନିଶ୍ଚୟ ଦିନେ ତୋ ପାଖକୁ ଯିବି

ନିଶ୍ଚୟ ଦିନେ ତୋ ପାଖକୁ ଯିବି
ଫେରିବା ବାଟ ବନ୍ଦକରି
କେବେ ନା କେବେ ଯିବି,
ତୋ ପାଖରେ ପହଞ୍ଚି ଥରେ
ଆଖି ବୁଜି ଛୁଇଁ ଦେବି,
ତୁ କହିଛୁ ଛୁଇଁଲେ ତତେ.
ନିଜର ହୋଇ ରହିବି ନାହିଁ
ପାଣି ହୋଇ ଯିବି,
ନଦୀ ପରି ବହି ଯିବି,
ତୋର ହୋଇ ଯିବି,
ଯାହା ବି ହୁଏ ଯିବି
ତୋ ଭିତରେ, ତୋ ମନରେ ରହିଯିବି ॥

ଆର ଜନ୍ମରେ ତୋ ପାଖରେ
ଯେତେ ଯାହା ମୁଁ ଛାଡି ଆସିଛି
ଏଇ ଜନ୍ମରେ ଖୋଜିବି ସେଠି
ଛନ୍ଦି ହୁଏ କି ବାନ୍ଧି ହୁଏ,
ଖୁସି ହୁଏ କି ଦୁଃଖ ପାଏ,
ଏଇଠୁ ମତେ ମୁକୁଳିବାର ଅଛି
ସେଇଥିପାଇଁ ନିତି ଭାବୁଛି
ଡାକେ ନ ଡାକେ
ରାସ୍ତା ଖୋଜି ତୋ ପାଖକୁ ଯିବି ॥

ତୋ ପାଖରେ ମନ୍ତ୍ର ଅଛି,
ଅଛି କାଉଁରୀ କାଠି,
ଯିବିନି କହି ଯିବି ଭାବୁଛି,
ଛାଡିଲି କହି ଯୋଡି ହେଉଛି,
ଏମିତି ମୁଁ କାହିଁକି କରୁଛି
ପଚାରିବାକୁ ତୋ ପାଖକୁ ଯିବି ॥

ସେ ଦିନ ଥରେ ଆଖି ବୁଜି
ବସିବି ପାଶେ ତୋର
ଯେତେଟା କଥା ବାକି ଥିବ
ନୀରବରେ ସବୁ ଶୁଣୁ ଥିବ
ଲାଗିବ ମତେ ଏଇ ହିଁ ମୋର
ପ୍ରିୟ ଅଭିସାର,
ସମୟକୁବି ଭରସା କଣ
କେତେବେଳେ କୋଉ କଥା,
ଭୁଲିଯିବି କାଳେ ତୋ ବାଟ ଚାହିଁ
ମିଳିଛି ଯେତେ ବେଦନା, ବ୍ୟଥା
ରାତି ଶେଷରେ ଦୁନିଆଁ ଭିଡରେ
ହଜିବା ଆଗରୁ ଯିବି,
ନିଶ୍ଚୟ ଦିନେ ତୋ ପାଖକୁ ଯିବି ॥

■

ତୋ ଭିତରେ ବିଲୀନ

ଯେଉଁଠାରେ ସାରିବୁ ତୁ କଥା
ସେଇଠୁ ମୁଁ ଆରମ୍ଭ କରିବି,
ରହିଥିବ ଯେତେ ଶୂନ୍ୟସ୍ଥାନ
ସେଠି ନୂଆ ରଙ୍ଗକୁ ଭରିବି ॥

ଯେଉଁଠାରେ ମୁଦିହେବ ଆଖି
ସେଇଠି ମୋ ସାମ୍ରାଜ୍ୟ ସ୍ୱପ୍ନର
ଲୁଚେଇଛି ଯହିଁ ଗୋପନରେ
ସମ୍ପତ୍ତି ମୋ ସମସ୍ତ ଜନ୍ମର ॥

ଯେଉଁଠାରେ ଆକାଶର ସୀମା ଶେଷ
ସେଇଠାରେ ଉଇଁଥିବ ଜହ୍ନ
ଶୁଭ୍ର ଜ୍ୟୋସ୍ନା ରେଣୁ ବିଞ୍ଚି
କରୁଥିବ ଗଙ୍ଗା ଆବାହନ ॥

ଯେଉଁଠାରେ ପଥଶ୍ରାନ୍ତ ପାଦ ତୋର
ଭୁଲିବାକୁ ଚାହୁଁଥିବ ଚାଲିବାର ବାଟ,
ସେଇଠାରେ ମାଳତୀର କୁଞ୍ଜ,
ସେଇଠାରେ ମଧୁକ୍ଷରା ସଞ୍ଜ,
ସେଇଠାରେ ଜଳୁଥିବ ଦୀପ ଆଉ
ଖୋଲାଥିବ ମନର କବାଟ ॥

ନୂଆ ସୃଷ୍ଟି ପ୍ରତୀକ୍ଷାରେ
ହେବ ଯେବେ ନିସ୍ତବ୍ଧ ପ୍ରହର
ଶୁଣିବି ମୁଁ ମନେ ମନେ
ତୋର ସେଇ
ଜୀବନ୍ନ୍ୟାସ ମନ୍ତ୍ରର ଓଁକାର ॥

ଯେଉଁଠାରେ ଦିଶୁଥିବ
ତୁ ଅଛୁ, ମୁଁ ନାହିଁ
କେହି ଆଉ ଦେଖୁ ନାହିଁ,
ଖୋଜି ପୁଣି ପାଉ ନାହିଁ,
ଦୁନିଆଁର ଆଖିରେ ହିଁ ପ୍ରଶ୍ନ ଚିହ୍ନ
ବୁଝି କିଏ ପାରିଛି ଯେ କହ
ମୁଁ ପରା ସେଇଠାରେ ତୋ ଭିତରେ ବିଲୀନ ॥

■

ମନ ମୋର ବୁଝେନାହିଁ

ଏମିତି ମୋ ଦିନ ସରୁଛି,
ରୁଣୁଝୁଣୁ ନାଦ ଶୁଭୁଛି,
ଚନ୍ଦନ, କସ୍ତୁରୀ ବାସୁଛି,
ଅର୍ଘ୍ୟଥାଳି ଧରି ଧାଉଁଛି,
ତୁ ଆସିଲୁ ବୋଲି
ଆଖିର ଦୁଆର ଫିଟେଇ ଦେଖୁଛି
କେହି ନାହିଁ, କେହି ନାହିଁ,
ସବୁଥର ପରି ଏକା ଏକା ପୁଣି
ନିଜକୁ ମୁଁ ସେଠି ପାଉଛି ॥

ଯାଇଛୁ କି ଭୁଲି
ଯେଉଁଦିନ ମୁଁ ତୋ ପାଖରେ ଥିଲି
ମଧୁ ସଞ୍ଜ ବେଳେ କୁଞ୍ଜ ଗହଳେ
କହିଥିଲୁ ଦିନେ ଆସିବୁ ବୋଲି
ତୁ ଯାହା କହିଛୁ ମଣିଛି ମୁଁ ସତ,
ସବୁ କାଲି ସହ ବସିଛି ସଙ୍ଗାତ,
ସେଥିପାଇଁ ତୋର ଅପୂର୍ବ ପ୍ରୀତିର ରୀତିରେ
ଆଉ ସବୁ ରୀତି ଭୁଲି ଆସିଚି ତୋ କତିରେ
ସବୁଥର ପୁଣି ସିନ୍ଦୂରା ଫିଟିଲେ ବୁଝିଛି
ଯେତିକି ତତେ ମୁଁ ଜାଣିଛି ଭାବୁଛି
ତା' ଠାରୁ ଅଧିକ ଅଜଣା ଅଛି ॥

ପାଖକୁ ଡାକୁଛୁ
ଯେତେ ଥର ଏଇ ଭ୍ରମରେ ପଡିଛି,
ଡାକିନାହୁଁ ବୋଲି ପରେ ମୁଁ ଜାଣିଛି,
ସେମିତି ଦୂରରେ ଯାଇଛୁ ରହି,
ଆସୁନୁ ତୁ କି ମୁଁ ପାରୁନି ଯାଇ
ଆସିବାକୁ କହିଥିଲୁ ଯେଉଁଦିନ
ସେ ଦିନ କହିଲୁ ନାହିଁ
ବେଳ ସାରିବାକୁ ତତେ ଝୁରିବାକୁ
ଗୋଟିଏ ଜନ୍ମରେ ସମୟ କାହିଁ
ତୋ ମନ ସିନା ବୁଝିଯାଏ ହେଲେ
ମନ ମୋର ବୁଝେନାହିଁ ॥

ଆଉ ସବୁ କଥା ଥାଉ
ନିଜେ ତ ବୁଝି ବି ବୁଝି ପାରୁ ନାହିଁ
ବୁଝେଇବି କହ କାହାକୁ ?
ଅନୁରାଗ ନେଇ ଏମିତି ମୁଁ ଛନ୍ଦି
ହେଉଛି ତୋ ସଙ୍ଗେ ବେଳକୁ,
ନ ହେଲେ ମୋର କି ଗରଜ ପଡ଼ିଛି
ଅରଜ ଶୁଣେଇବାକୁ ॥

ତୁ ମୋ ମନରେ ଥା'

ମୋର କାହାକୁ ଦେଖେଇବାର ନାହିଁ,
କାହାକୁ ଶୁଣେଇବାର ନାହିଁ,
ମୁଁ ତ ସାଇତିଥିବି ଚିରକାଳ
ମହାର୍ଘ ସମ୍ପତ୍ତି ପରି
କାଳେ କେହି ନେଇଯିବ
କିମ୍ବା ମୁଁ ବି ନିଜେ ହଜେଇ ଦେବି
ସାଧାରଣ, ନିତିଦିନିଆ ଜିନିଷ ପରି
ଏଠି, ସେଠି ପଡୁଥିବ କଥା
ମୁଁ ତତେ,
ତୋର ସବୁ ଦେଇଥିବା ମଣି ଓ ମାଣିକ୍ୟ
ଲୁଚେଇ ଦେଇଥିବି
ଆଉ ମନେମନେ କହୁଥିବି
ତୁ ମୋ ମନରେ ଥା- ॥

ତୁ ମତେ ଡାକିଛୁ ଯେବେ ଗୋପନରେ
ଯେତେ ଥର ଆଉ ଯେଉଁ ଜନ୍ମରେ
ତୁଟେଇଛି ମୋହ,
ପାଲଟି ଚାଲିଛି ଦେହରୁ ଦେହ,
ମୁଁ କେତେବେଳେ ଥାଏ କି ନ ଥାଏ
ତୁ ମୋ ମନରେ ନାହୁଁ ଯଦି କେବେ
ସିଏ ତ ସମୟ ନୁହେଁ
ତୁ ଏକା ଜାଣିଛୁ ବେଳ ଅବେଳ

ଯମୁନା ଜଳରୁ କଦମ୍ବ ମୂଳ
ଖୋଜିବାରେ ତତେ ସେତିକି ବାଟ ମୁଁ
କାହିଁକି ଦଉଡୁଥାଏ ॥

ତତେ ଯଦି ଜଣା ଅଛି ତୋ ପାଖରେ
କେହି ବି ପହଞ୍ଚେ ନାହିଁ,
ତୁ ଦୁନିଆଁକୁ ଟାଣୁ ଥାଉ ହେଲେ
ତତେ କେହି ଟାଣେ ନାହିଁ,
ତୋ ଠାରୁ ମୋ ଯାଏଁ, ମୋ ଠାରୁ ତୋ ଯାଏଁ
ଗହଳ ସୂତାର ଖିଅ,
ଛନ୍ଦା ଛନ୍ଦି କରି ଗଣ୍ଠି ପକେଇଛୁ
କାହିଁକି ତେବେ ତୁ କହ
ଯେତେଥର ଏଇ ସୃଷ୍ଟିକୁ ଆସିଛି,
ଛନ୍ଦି ହେବାପାଇଁ ନିଜେ ତ ଚାହିଁଛି,
ସରି ନାହିଁ କେବେ ଖୋଜିବା, ପାଇବା,
ପାଇ ସାରି ପୁଣି ବଢ଼ିଛି ଚିନ୍ତା,
ଆଉ କେଉଁଠାରେ ସାଇତିବି ତତେ
ତୁ ମୋ ମନ ରେ ଥା- ॥

■

ନେବି ନାହିଁ ଜନ୍ମ ଆଉ

ସଞ୍ଜବେଳେ ଯେବେ ଚହଟି ଯିବ ଗୋ
ବାସ ମଧୁ ମାଳତୀର,
'ପ୍ରୀତି ମଗ୍ନା ମୋର ପ୍ରିୟ ସଖୀ' ବୋଲି
ଡାକିବୁ ପାଖକୁ ତୋର ॥

ଯୋଜନ ଦୂରରେ ହୃଦୟରେ ଯେବେ
ସେ ଡାକ ଛୁଇଁବ ଯାଇ
ଆଉ କି ରହିବ ମନରେ ସନ୍ଦେହ
ଆସିବି ସରାଗେ ଧାଇଁ ॥

ସଞ୍ଜରୁ ଗଭୀର ରାତ୍ରି ହେଉଥିବ
ଜ୍ୟୋତ୍ସ୍ନା ପଡୁଥିବ ଝରି,
ଚାହିଁବି କେମିତି ଭାବି ଭାବି ମୁଁ ତ
ସରମରେ ଯିବି ମରି ॥

ଆଖିରୁ ଆଖିକୁ ଚମକ ଲାଗିବ
କଥା କହି ହେବ ନାହିଁ,
ଅଯୁତ ଯୁଗର ଅପୂର୍ଣ୍ଣ କାମନା
ନିର୍ବାଣ ଯିବ ପାଇ ॥

ମଧୁ ମାଳତୀର ଆୟୁଷ ଯେତିକି
ସେତିକି ମୋ ଅଭିସାର,
'ପ୍ରିୟ ସଖା' ତତେ ଜାଣିଛି ବୋଲି ତ
ଆସୁଛି ମୁଁ ବାରମ୍ବାର ॥

ପାଇବାର ଘନ ବିଶ୍ୱାସ ଛାଇରେ
ଛୁଇଁ ଦେଇଥିଲେ ତୁ,
ସବୁ ଜନ୍ମ ପରି ଫେରିବି ନାହିଁ କି
ନେବି ନାହିଁ ଜନ୍ମ ଆଉ ॥

■

ସବୁ କିଛି ପୂର୍ଣ୍ଣ କରିଛୁ

କାହାକୁ କେମିତି ବୁଝେଇବି କହ
ପୂରିଛି ବୋଲି ମୋ ପାଇବାର ମୋହ
ଯେତେ ବେଳେ ବାଟ ଚାଲୁଛି, ଭାବୁଛି
ତୁ ମୋ ସାଥୀରେ ଚାଲୁଛୁ,
ପ୍ରିୟ ସଖା ମୋର ଅଣୁ - ଅନ୍ତରୀକ୍ଷ
ସବୁ କିଛି ପୂର୍ଣ୍ଣ କରିଛୁ ॥
ଦେବା ପାଇଁ ଯେଣୁ ଭାବି ପାରିନାହିଁ,
ଏକାନ୍ତରେ ତେଣୁ ମାଗି ପାରି ନାହିଁ,
ତଥାପି ମୋହର ଶୂନ୍ୟସ୍ଥାନ ଯେତେ
ରେଣୁ ରେଣୁ କରି ଭରିଛୁ,
ଆଖି ବୁଜି ମୁଁ ଯେ ଭାବି ଦେଇ ପାରେ
ତୁ ମୋ ଭିତରେ ପୂରିଛୁ ॥
ଆଖି ବୁଜିବାର ଲୋଭ ନିରନ୍ତର
ଦେବ କି ଅନ୍ଧ କରି,
ହେଲେ ବି କାହିଁକି ଡରିବି କହ
ମୋ ଜନ୍ମ ତ ଯାଉନି ସରି,
ସବୁ ଅଲକ୍ଷ୍ୟରେ ଲକ୍ଷ ଥର ମୁଁ ,
ସାଉଁଟି ନିଃଶବ୍ଦ ବିଜନ ବେଳକୁ
ଏଇଠି ଆସିବି ନିଶ୍ଚୟ ଫେରି
ତୁ ଲୋଡ଼ିଥିବା ମୁହୂର୍ତ୍ତ ସବୁରେ
ମୋ ଲୋଡା ପଣର ମହକ ଭରି ॥

BLACK EAGLE BOOKS

www.blackeaglebooks.org
info@blackeaglebooks.org

Black Eagle Books, an independent publisher, was founded as a nonprofit organization in April, 2019. It is our mission to connect and engage the Indian diaspora and the world at large with the best of works of world literature published on a collaborative platform, with special emphasis on foregrounding Contemporary Classics and New Writing.

www.ingramcontent.com/pod-product-compliance
Lightning Source LLC
Chambersburg PA
CBHW030233100526
44583CB00013BA/1010
9781645602293